現代対象関係論の展開

ウィニコットからボラスへ

館 直彦 著
Tachi Naohiko

岩崎学術出版社

序　文

　著者の館君を加えた仲間内にボラス先生夫妻を招いて音楽を聴き，酒を飲みながら歓談していたときのことである。突然ボラス先生が紙に曲線を描き，それを私たちの前に差し出した。唐突ではあったが，私たちは当然スクイグルが始まったと思い，誰からともなく彼の描いた曲線にそれぞれ勝手に線を書き加えた。すると先生は「今線を書き加えている貴方は本当の自己なのか，それとも偽りの自己なのか」と我々に問うたのである。即座に本当の自己だと答えようとした私は一瞬躊躇し，改めて偽りの自己だと答えた。その場にいた他の仲間たちも同じくそう答えた。ボラス先生は「そうだ」と言ったものの，それ以上は何も語らず，我々も先生に何らコメントを求めることなく話はそこで終わった。そしてそれ以降この出来事が思い出されることはなかった。しかしこのたび著者から序文を書くようにと依頼され，はいと即答はしたものの，何を書けばよいのかとあれこれ迷っているうちに，まさに本書のテーマのひとつであるウイニコットとボラスから上記のことが思い出されたのである。

　そしてふとひとつの疑問が湧きあがった。それは，一瞬のこととはいえ，なぜ私はそのときの自分を本当の自己だと感じたのかということである。この問いの正しい答えに到達できるなどと思っているわけではないが，なぜという問いかけにはなぜか答えたくなるものである。自分流の結論から言うならば，本当の自己という答えはある意味において間違ってはいないと思っている。しかしやはりこれは間違いなのである。

　ウイニコットは，偽りの自己なる組織を病理的なものから健康へと広がる一連のスペクトラムとし，その健康な部分は本当の自己を防衛するために存在する構造であると考えた。つまり健康であることとは偽りの自己の健康な部分が本当の自己を防衛するという機能を十分に果たしている状態

のことなのであろう。またその一方でウイニコットは，本当の自己のみが創造的でありうるし，これのみが現実を感じられるのに対し，偽りの自己の存在は非現実感や空虚感という結果を招くと述べている。しかし後半で述べられている偽りの自己には先に述べられた防衛機能のニュアンスは感じられない。かつて健康なものから病理的なものへというスペクトラムは消失し，あたかも健康な偽りの自己の防衛機能に守られ，それと一体化し，発達し，成熟した本当の自己のみと，ただ病理的な偽りの自己とに分裂したかのようである。しかし本当の自己というものはそれのみで機能しうるものではなく，人として生きるためには必ず（健康な）偽りの自己という防衛機能が必要だというのがウイニコットの考えなのである。

　私自身はといえば，健康であることとか本当の自己ということに関して確かな考えを持っているわけではないが，いつの頃からか，健康であることとは自己の表層である偽りの自己の背後にしっかりと本当の自己が寄り添っているといった状況をイメージするようになった。そして以前著者とウイニコットをテーマに話し合っていたとき，ふとそのイメージを伝えると，即座に彼は「そうだ」と答えたことを思い出す。そしてそういった状態においては双方が一体となって機能しているであろうために，たぶん両者の境界が不鮮明となり，区別できなくなっているのではないかと私は考えており，そこには偽りの自己でも本当の自己でもない真の私がいると思っていたようである。

　今ひとつ思い出したことがある。これはもう25年以上も前のことであるが，ウイニコットに会ったことのある私の師神田橋先生とこの問題について話し合ったとき，「ウイニコットにとって本当の自己とは故郷の野原を無心に駆け回っている自分のイメージから云々」と聞かされたことがある。そのせいか，私個人にとって本当の自己のイメージはこの言葉が原点になっているようである。つまりある種の条件がそろえば，人間には本当の自己（真の私）のみで機能しうる瞬間があると，ほぼ無意識レベルで確信するようになっていた。しかしこの確信はウイニコットの考えからは遠ざかっているように思う。

　さて私たちがボラス先生と過ごしていたときのことであるが，今思い返しても本当に楽しかったと思えるのである。確かに私にとって英語で会話

することは苦痛であり，特に日本料理の素材や料理の仕方などの説明には随分苦労したものだ．しかしスクイグルの件も含め本当に楽しい時間であった，あのときの私は真の私（本当の自己）で過ごせていた，ボラス先生や他の仲間も私と同じ体験をしていたに違いないと思えるのである．それゆえに思わず本当の自己と答えかけたのではないかと考えた．しかしながらボラス先生の始めたスクイグルに応じた私は，その瞬間，ほんの少し，そしてあまり病理的ではない（勝手にそう思っているだけではあるが）私の偽りの自己が機能したのかもしれない．

　以上が私自身の問いかけに対する私なりの答えであり，理屈である．しかしなぜボラス先生はあの場であのような問いかけをしたのだろうか．ひょっとして先生はあの場のやや軽躁的とでも言えそうな熱気に少し水をさして一息入れたかったのかもしれない．

後藤　素規

目 次

序 文 iii

序 章 1

第1部　英国独立学派の対象関係論の展開
1　英国独立学派の精神分析　*12*
2　ウィニコットの対象関係論　*26*
3　ボラスの対象関係論　*36*

第2部　早期発達と自己の病理
4　早期発達の理論　*48*
5　心とは何か　*59*
6　スキゾイド再考　*75*
7　ウィニコットの心身症（精神−身体障害）論　*89*

第3部　遊ぶこと，自発性
8　コミックとしての世界　*106*
9　遊ぶことの論理　*114*
10　自由連想することの意義　*122*
11　終わりのない質問　*131*
12　音楽と精神分析　*148*

文　献　*161*
あとがき　*171*
人名索引　*175*
事項索引　*177*

序章

連想を賦活すること

　この本は，内容的には，「現代対象関係論の展開」というよりも「私の精神分析」あるいは「私の対象関係論」と名付けるのがより相応しいかもしれない。というのは，たしかに本書で取り扱っている内容は英国独立学派の対象関係論であるが，伝えようと思っていることは，あくまで私なりの対象関係論の理解だからである。本書を書きながら，私には言いたいことがあり，それを是非とも誰かに聞いてもらいたいと思っていることに気づいた。そしてこれは精神分析を受けている患者と同じ気持ちなのだろうと思った。

　通常，分析を受けていると，初めは諸々の抵抗が頭をもたげてきて，こんな話をしていて一体何になるのか，この作業は意味があるのか，とかいった気持ちが浮かんでくるものであるが，それが徐々に，自分は話したいし，聞いて欲しいのでここで話している，という気持ちに置き換えられていくことを私たちは知っている。だからと言って，ここで私の語ることが，私の個人的な連想に限られているというわけではない。

　内容的に言えば「私の精神分析」なのだから，そこには「私」が色濃く反映していることは否めないが，それでもあなたに読んでもらう価値はあると思うのである。しかし，私は何を話したいのだろうか？　この本は，現代の英国独立学派の対象関係論がテーマの本なので，内容としては，早期発達やその病理，遊ぶこと，創造性などを取り上げている。その内容を聞いて欲しいということだろうか？　それは確かにそうであるが，それだけではない。つまり，聞いて欲しいのはその内容なのではなく，私との対

話 dialogue に参入して欲しいということ，そしてそこで展開する関係性に身を任せながら，あなたの話を聴かせて欲しい，ということである。

　それでは，この私の聞いて欲しいと思う気持ちは，何に由来するのだろうか？　その答えはビオン Bion, W. が言うように，「思考するためには二つの心が必要である」ということの中や，ウィニコット Winnicott, D.W の言うように，「一人の赤ん坊というものはいない」という箴言の中にあると言えるだろう。私は聞いて欲しいのだが，私のプライベートを知って欲しいということではない。そうではなく，「私の精神分析」について，私と対話をして欲しいということである。対話をするとどうなるのか，対話を通して何が生まれるのか，それは今のところ分からないのだが，対話をすることで何かが生まれる予感があるということであり，変形 transform していくことが予測される。つまり，私とあなたが，ただ単に同じ世界を生きているというだけでなく，お互いに変形する関係になる，という期待である。

　もちろん，セッションの中では，私の話を聞くのは分析家であり，あなたではない。そういう意味では，ここで私の話を聞いてもらうことと精神分析とは異なるが，自由連想の作業は，あなたではなく分析家相手でないと行えないものではないだろう。フロイト Freud, S. がフリース Fliess, W. に自分の夢を語ることで，自己分析が展開したときに，フロイトにとっては聞いてくれるのは誰でも良かったのだと今は考えられている（フリースはフロイトの連想をほとんど理解出来なかったと言われているが，もちろんフリースに対する同性愛的な同一化があったからこそ，フロイトは自分のプライベートな幻想を話すことが出来たのだろうと思う）。私はあなたのことは未だ良く知らないのであなたに踏み込めないが，「私の精神分析」を語ることは出来る。しかし，それでは「私の精神分析」とは何なのか，それは本書をお読みいただくと良いのだが，実は，「私の言いたいことは○○です」とは言い難い。むしろ，どのように語るかを通して何を言いたいかを，すなわち，フォーム form を見てもらうことを通して，私の精神分析を示すことが出来たら，と思う。それではフォームとは何か？　それは本書の主要テーマの1つなので本書全体を通してじっくりと述べていきたい。

精神分析とはどのようなものか

　ところで，精神分析というのは，元々は話された中から何かを，すなわち隠された連鎖を見出していくという作業だった。このように書くと意外と思われるかもしれない。というのは，そもそも精神分析とは，「無意識を意識化する」，つまり抑圧を取り除いていくということが根本原則である，と私たちは教わってきているからである。実際，『ヒステリー研究』では，ブロイエル Breuer, J. の貯留ヒステリーに対して，フロイトは防衛ヒステリーの概念を提唱しており，そこでは私たちは「したい」という願望を「すべきである」という規範に従って諦めなければならず，どうせ諦めなければならないのなら，それをなかったことにしてしまおうというのが抑圧の基本的なやり方だということを知っているからである。しかしまた，抑圧したからといって，表面には出てこないとしても，それを完全になかったことにしてしまうことは出来ないことも，私たちは知っている。
　しかし，精神分析において臨床経験が積み重なるにしたがって，やがて，人間はそんなに単純ではない，ということが考えられるようになった。抑圧は，防衛であるが，そうしなければならない理由があるからこそ抑圧されている。単純に，抑圧を取り除き，そういうことだったのですね，と分かるわけにはいかない（中にはそういう人も居るだろうが，そういう人たちは呑み込みが良すぎるとして，また別の問題が起こるかもしれない）のである。つまり，仮に抑圧を防衛の中心的なメカニズムと位置付けたところで，精神分析家はやはり人間全体を見なければならず，そういうことから精神分析は性格の分析へと転換していったのであるが，分析の作業はますます複雑化していくことになった。自我，超自我，エスより構成される心的構造論は，そういった複雑な心のメカニズムに対応するのが一つの存在意義ということができるだろう。
　抑圧の理論や心的構造論は，心のメカニズムがどのように構成されているのかという，一者心理学的な見方である。しかし，そこで実際に臨床的に機能しているのは，分析家と被分析者の関係性という対象関係論であった。というのは，抑圧にしても誰が何のために抑圧するのかを考えると，

そこには関係性が入り込んでくるわけであるし，心的構造は，内的，外的な対象関係が内在化されて表象されたものだからである。しかし，その点に関しては，フロイト自身あまり意識することは出来なかった。というのは，フロイトは自然科学者だったので，その後転移に気づくまでは（気づいてからも，一者心理学的理解の下に，転移は分析を邪魔するものと位置付けられているのだが），そのような関係性の文脈には，理論的にほとんど盲目だったと言えるのである。しかし，実際にやっていることはどうだったのだろうか？　一例として，『ヒステリー研究』に登場するエリザベートの症例を見てみたい。

フロイトの症例「エリザベート・フォン・R」

この症例は，ブロイエルとの共著『ヒステリー研究』（1895）に所収の5症例のうちの一つである。フロイトが，催眠暗示を用いずに，連想によって過去の情動体験を語らせることを試みた症例であり，これが自由連想法へとつながっていった，と言われている。

エリザベートは24歳の未婚女性で，三人姉妹の末娘であり，フロイトの許を訪ねたときの主訴は，2年前より続く歩行障害と両足の疼痛であり，器質的な疾患は否定されていた。フロイトは診察の際に，足に痛み刺激を与えた際に，エリザベートが苦痛で歪める表情が，むしろ恍惚としたものであることを見逃さなかった（性的な快感）。

治療は4期に分けられる。

第1期は，催眠下での病歴聴取と除反応である。父親への愛着，父親の病気，付きっ切りで看病したこと，その頃より右足の疼痛が始まったことが想起された。第2期になると，「何も思い浮かばない」と患者は抵抗を示す。フロイトはここで前額法を用いている。歩行困難になったエピソードの想起，姉の死，父に勧められて夜会に行った晩（その晩に素敵な青年にときめいた）に，父の病状が悪化したことを想起した。疼痛が限局された右大腿部は，毎日包帯を換えるために，父の脚を乗せた部位だった。第3期は，回想が姉や義兄に及び，左足の疼痛が生じてきた時期に，姉の幸福な結婚生活への羨望と，孤独感があったことが語られた。失立失歩は，

一人で頼るものが無いことを象徴化したものであるとの理解がなされた。その理解と共に，症状は軽快した。第4期は，すでに症状が軽快した後だったが，義兄と散歩中にこの人のような夫を持ちたいと思ったこと，姉の死を願ったことが想起される。この抑圧されていた義兄への愛情が完全に想起されることで，患者の症状は消失し，治療は終結した。

　この症例では，後日談として，フロイトが，エリザベートが軽快に踊っているところを目撃したこと，さらにその後，彼女がある外国人と結婚したことを耳にしたことを述べている。

　しかし，そもそもこのようにまとめてしまっては実も蓋もない，というところもある。というのは，しばしば言われることであるが，『ヒステリー研究』ほど，患者の姿がヴィヴィッドに描写されているフロイトの論文は，他にはない。『ヒステリー研究』における症例の記載は，小説よりも面白い，とさえ言われている（とはいっても，一体面白い小説とは何か，という新たな疑問が生じるかもしれない）。どうして『ヒステリー研究』の症例記載はそんなに面白いのか？　それはフロイトが，患者が自分の心的現実に則って語っていることを，興味深く傾聴しているからである。悪く言えば，一人の覗き屋としてのフロイトが，他人の人生を覗き込んでいるからであり，その物語は患者とフロイトの関係の中で語られているからである。こうした視点は「物語」としてこの症例を理解しようとするものである[注1]。

　ただ，エリザベートの物語の読解はこれだけでは終わらない。さらに別の読み方をすることで，他の意味が浮かんでくる。これは狩野力八郎がその著書の中で，小此木啓吾の見解として引用していることであるが，様々な問題を引き起こしているのはエリザベート自身（そもそもエリザベートはヒステリー患者である）なのであり，エリザベートは，自分がふと抱いた欲望に驚いて，罪悪感に陥った無垢な犠牲者とは到底言えないのである。むしろエリザベートの欲望によって周囲の人々が振り回されている，と見ることが出来るだろう。ここで働いている家族力動は決して単純なもので

注1）人間には本来的に覗き屋の欲求があるだろうが，他人の生活をのぞき込むという小説は，コナンドイルのシャーロック・ホームズをはじめとして，この時代に流行した文学の一様式である。

さらに，もう一つ別の見方として，治療関係を見ていくというやり方が挙げられるだろう。どうしてエリザベート（本名はイロナ・ヴァイス Ilona Weiss）はフロイトの治療を受け入れたのだろうか？　フロイトはエリザベートの治療を行った当時，ウィーン大学を出て開業医を始めていたが，この時点でそんなに高名な医師ではなく，むしろ催眠などの奇矯なこと（未だ，精神分析は創始されていなかった）をやっている変人と思われていたことは確かだろう。フロイトは，誰に頼まれて，この治療を引き受けたのだろうか？　当時は，今のように，患者が自分から神経科医のもとに受診することはあり得なかっただろう。それと同時に，治療が展開していく中で，二人の間には個人的な関係が展開したことは想像できる。だからこそ，エリザベートはフロイトに話をし，自分の罪悪感に触れることまで語ることが出来たということも出来るだろう。これは転移を前提とした現象である，と言うべきであろう。

　そう考えないと，「その後，患者は完全に良くなって，ある舞踏会で，彼女が何不自由なく踊っている姿を見た」という記載を，フロイトが何故行っているのかということの説明がつかない。この記述を見ると，フロイトの中で，何か残っているものがあるように思える。一方，エリザベートの方でも，その後インタヴューを受けた際に，フロイトの治療に関して（そのときはすでにフロイトは高名になっていた），「そう言えば若いお医者さんが脇で何か言っていたけれど，あれは何の役にも立たなかった」と言っているのだが，これはどうしてなのだろうか？　これは歴然とした抑圧なのだが，ここで抑圧されているのはフロイトとの関係性である。そしてこのようなことが起こっているメカニズムを見ていくことで，対象関係論的な議論が可能になるのである。[注2]

　このように読み解いていくことは，転移と逆転移の文脈から理解しようということであるが，視点を変えれば，これはエナクトメント（過去の再

注2）ここで欲動とは何か，対象関係とは何か，といったことをもっと明確にすることが要請されるかもしれない。これらは大変重要で興味深いテーマであるが，ここでは扱わない。簡単に，欲動とはその人のモチベーションの方向性，対象関係とは二人以上の人間や対象の間の関係性のあり方として捉えることにする。

現，再演）であるとする見方も出来るだろう。しかし，このエリザベートの症例に関しては，過去の何がエナクトメントされているのかを理解するための情報は，いささか不足している。

　また，この症例に対して，技法論的な観点から論じることも出来るだろう。治療の場は患者の自宅のようであり，フロイトは往診していると思われる。フロイトがここで採用している技法は，かなり自由連想に近い方法のようであるが，一貫して自由連想を用いているのではなく，当初は想起することを強いる前額法を用いているようであり，それは催眠の名残と言っても良いだろう。そうであるとすると，治療者フロイトは，エリザベートにどのように受け取られていたのだろうか？　非常に権威的な催眠の治療者から，本来患者と同等である筈の分析家フロイトへの移行は簡単に出来るのだろうか？　この移行は，私たちが一般外来で診療していた患者を，時間や料金などの枠組みを設定した精神療法に導入する時に経験することと類似しているように思われる。

　このように見ていくと，この治療では（この治療でも），同時並行して様々なことが起こっていることが分かる。抑圧された無意識の意識化という文脈，物語としての展開，欲動論的な展開，対象関係論的な展開，エナクトメントとしての理解，技法論的な視点，その他触れられてはいないが諸々のことが同時並行して起こっている。そして，このことはこのエリザベートの治療だけに限定される問題ではない。他のどんな治療においても，同時に複数の文脈で理解することが可能である。これは，ボラス Bollas, C. が『終わりのない質問』の中で，患者が自由連想をしているときに，同時並行して様々なことが展開している，と指摘したことと軌を一にしていることである。さらに，ボラスは，「起こっていることを説明するためには，交響曲のスコア（総譜）を連想することが良い。と言うのは，交響曲では，各パートが個別に様々な作業を行っており，それぞれのパートは，それなりの連続性と自律性を持って演奏しているのであるが，それと同時に所詮一つのパートに過ぎない，という側面も否定できないからである」，と述べている。交響曲は全体として一つの楽曲として聞くことが出来るが，スコアを見れば各パートはそれぞれ連続性を持っているものである。しかし，各パートを聞き分けることは，プロでもない限り難しい。これはシン

フォニーのスコアに馴染みのある人には，分かりやすい比喩かもしれないが，実際セッション全体の全ての要素を同時に見ていくことは到底不可能な作業である。しかし，ある要素（あるパート）のみに限定してしまうと，聞くことは可能かもしれないが，全体を見失うことにつながりかねない。フロイトのエリザベートの治療でも，実は多要素的に様々なことが起こっているのである。それらを全て取り出すことは不可能だが，そうだからと言って，無意識を意識化する，といった単純なことでは済まないのである。本書の方針は，全体を押さえつつ部分も見ていこうというものであり，例えば，単に欲動論モデルと関係性モデルを対比させるのではなく，あるいは古典理論と現代理論というように限定するのではなく，セラピーの中ではもっと多元的なことが起こっていると考えるのが，本書の立場である。

ところで，ここまで理論について述べているが，ここで「理論」というものを私がどのようなものと捉えているかについて，簡単に触れておきたい。私は理論はとても重要なものであり，理論なくして精神分析や心理療法の実践はあり得ない，と考えている。しかし，同時に，理論は絶対的なものではなく，まして真実などではなく，むしろ説明や理解のための道具と考えている。私はこのように考えてこの臨床を行い，このような結果を得た，と述べるためにあるのが理論である，と考えている。それ故，臨床的な理論は，実証的研究の結果とズレが生じる場合もあるだろう，と思うが，そういうズレが何故起こるかを考えることで，理解がさらに深まっていくものであるだろう，と考える。

本書の構成について

最後に本書の構成について説明したい。全体は3部に分かれている。「第1部：英国独立学派対象関係論の展開」では，英国において，独立学派がどのように生まれ発展して来たかについて述べている。その中で，筆者が特に影響を受けた二人の分析家，ウィニコットとボラスの理論について詳しく述べた。「第2部：早期発達と自己の病理」では，早期発達過程（成熟過程）の理解をベースに，様々な自己の病理が展開することを述べている。自己の病理と言うと，偽りの自己について検討することが一般的

だと思われるが，本書では，これまで余り論じられる機会のなかった心という対象，スキゾイド，心身症などについて，特に詳しく論じている。「第3部：遊ぶこと，自発性」では，遊ぶことの概念を中心に据えて，自由連想や精神分析過程について，また創造性について論じてある。

　ここに収録されている各章は，元々講演で話したり，論文として発表したりしたものをベースにしている。それぞれの初出は巻末に掲げてあるが，本書にまとめるに当たっては，私自身の連想がその後深まったことを反映して，いずれの章も大幅に手を加えてある。

　このように書いていると，本書は対象関係論を扱った理論的な本というように思われるかもしれないが，本書の目的は，理論を解説することではない。本書が目指すのは，連想を喚起することである。本書を手に取られた皆さんが，何かしら喚起されることがあれば，著者として，望外の幸せである。

第1部　英国独立学派の対象関係論の展開

1 英国独立学派の精神分析

　現在，私が最も依拠している精神分析理論は，英国独立学派の対象関係論であり，その中でも特にウィニコットとボラスの理論である。本書では，彼らの理論を中核に据えて，様々な心理的現象についての理解を述べていきたいが，ここでは先ず英国独立学派の理論の全体像を概観しておこうと思う。

英国独立学派精神分析の背景

　精神分析にモダンの要素とポストモダンの要素が併存していることは，誰もが知っていることである。フロイトは一方では，近代的で自然科学的な考えに固執していた。彼は元来科学者であったので，自分の理論を，最終的に自然科学のものと一致させることを目指しており，説明可能性，再現性，論理性を重視していた。この科学的な考え方は精神，あるいは心のメカニズムを解明することに向けられていた。それゆえ，基本的に一者心理学的であった。しかし，その一方で，彼は，彼自身が無意識と呼んだものが，論理性に支配されているわけでは全くなく，無時間性や重層性を特徴とすると述べている。それはむしろ類似やアナロジー，憶測などといった要因によって支配されていることや，治療関係において，分析家と被分析者の相互関係が重要な役割を担っていること，つまり精神分析にはポストモダンの要素があることに気づいていた。この見方は，その当時のフロイトにそこまでの自覚があったわけではないとしても，当初より精神分析が内包していたものであり，関係性に向けられたものであり，二者心理学であった。フロイト自身，この二面性，二重性の葛藤に悩まされていたの

だが，この二面性こそが精神分析を発展させる原動力となっていた面も否めない。精神分析のこの二面性は，その後，イギリスに渡って，一方は自我心理学として，他方は対象関係論として，それぞれ別個のものとして，並行して展開していった，と言うことが出来るかもしれない。

ところで，初期の精神分析は，主に東欧系のユダヤ人たち（アシュケナージと呼ばれる）が担っていたものであり，（フロイトはそのニュアンスを払拭しようと努力したが）その文化的背景が色濃く影響を及ぼしていることは否定できないだろう。私たちから見れば，ユダヤ人も西欧人だが，イギリス人から見れば，異教徒であり，文化も風習も異なる人たちであることは，それまで西欧各地でユダヤ人が差別された歴史を見れば歴然としているだろう。割礼をするユダヤ人たちにとって，去勢不安はよりいっそう身近なものであった可能性は高い。私たちにはそこが良く分からない点でもあるが，フロイトにも引き継がれたユダヤの思想，ユダヤの人間観などは，イギリス人にはやはり違和感があったのではないだろうか，と思う。そういう人たちを受け入れることが出来るところにイギリス人の特徴が表れていると言えるかもしれない。移住した彼らが，イギリスの精神分析の中で，一大勢力となっていくのである。

一方，イギリスの文化的伝統として，通常言われることは，経験主義 empiricism[注3]，実利主義 utilitarianism[注4]，日常言語を重んじることなどである。哲学では，経験主義の他に，主知主義 intellectualism 的傾向もあり，そこから「心」とはいったい何か，といったテーマを考える伝統が生まれた。また，イギリス人が歪んだユーモア（ブラック・ユーモア，しかし，そもそも歪んでいないユーモアなどはあるのか，ということにも

注3) 17-18世紀のイギリスに現れた哲学思潮で，全ての哲学概念の有効性を，人間経験の裏付けから判断しようとするものであり，観念論に反対した。ロックがその確立者と見なされ，その後，バークリーやヒュームなどによって展開された。彼らは「在るとは知覚されることである」と論じ，あらゆる超越的な認識を否定する不可知論などへと至った。こうした人間が合理的であることの正当性を主張する考え方は，当時の市民社会形成の基盤ともなっている。

注4) 功利主義とも呼ばれ，19世紀イギリスで盛んになった倫理，政治，社会思想であり，ベンサムやミルなどがその代表であり最大多数の最大幸福をスローガンとする。彼らは，幸福と快楽を同一視し，苦を悪としたが，この実利主義は，産業革命を推進するうえで，力となった。

なる)を愛好することも有名だが,これは案外,精神分析に馴染みやすい風土ということになるのかもしれない。それと同時に,世界的な潮流を反映して,英国でも 18-19 世紀にロマン主義が大流行している。特にその潮流が顕著だったのは文学においてであり,その当時の詩人たちの多くが哲学的な素養を身に着けていたため,哲学的な詩が書かれたりしている。その中でも精神分析理論に取り入れられてとりわけ有名になったのが,キーツ Keats, J. による「負の可能性 negative capability」であろう。また,ブレイク Brake, W. やワーズワス Wordsworth, W. などをはじめとする彼らの作品は,後の分析家たちによって,しばしば取り上げられている。しかし,文学以外の芸術では,絵画は独自に展開(ターナー Turner, J.M.W. から始まり,コンスタブル Constable, J. を経て,ラファエル前派,20 世紀後半になってベーコン Bacon, F. へとつながる流れ)しているものの,英国においてロマン派絵画はそんなには隆盛にならなかったし,音楽においてはエルガー Elgar, E. ディーリアス Delius, F. など少数を除いてはロマン派の作曲家として取り上げるべき人はほとんど居ない。これはたまたまそうなのかもしれないし,やはり国民性を反映しているのかもしれない。

　一方,個人の独立 independent,自律を尊重し,極力お互いに干渉し合わないことがイギリス人の国民性の重要な要素である,と言われることがあるが,これは分析家の中立的な態度にも通じるものであり,精神分析を受け入れやすい要素が元々あった,ということになるかもしれない。それと相互的に関連するのが,その個人がどのような教育を受けたかということであり,また,どのような社会階層出身かということである。男性であれば,パブリック・スクール[注5]に行ったかどうか(早い場合には,小学生の年齢で親元から離れてプレパレートリー・スクールで寮生活を送ることになるので,皆がハリー・ポッターのようには上手く学校に適応することが,出来るわけではないことが考えられる。独立学派によってスキゾイドの研究が大きく発展したのは,彼らの分析の対象者の多くが内に孤独感

注5) イギリスのジェントルマン階層の子弟を養成する私立の中等教育学校で,大部分は寄宿制である。プレパレートリー・スクールは,パブリック・スクールに入学する前段階の寄宿制の私立初等学校。

を抱えるパブリック・スクールの出身者だったためである，という穿った見方もある）は大きな影響を及ぼしているのだろう。

対象関係論と独立学派の誕生と展開

　対象関係論 object relational theory という言葉を最初に広めたのはフェアベーン Fairbairn, R. であると言われているが，わが国ではこの言葉からクライン派の理論が念頭に浮かぶかもしれない。しかし，最近では，クライン派理論を別個のものと考えて，対象関係論と言えば，英国独立学派の理論を指すことが多い。元々，対象という言葉はフロイト自身が用いているものであるし，1909–18年頃のフロイトは，対象関係論的な思索を行っていたことが知られている。対象関係という言葉は，ランク Rank, O. やフェレンツィ Ferenczi, S. らによって，1920年代より以前に用いられたが，それを定式化したのがフェアベーンである。そこから発展していった対象関係論の定義は様々で統一されたものはないが，カンバーグ Kernberg, O. が「対人関係の内在化に対する精神分析的アプローチであり，対人関係がいかに精神内界の構造を決定するかに関する学問である。（略）対象関係論は精神内界の対象の世界と個人のもつ現実の対人関係との相互作用を取り扱うものである。」などと述べていることが，過不足のない説明となるだろう。

　一方，英国における精神分析のそもそもの始まりは，ジョーンズ Jones, E. がフロイトの著作を読んで感銘を受け，フロイトの許を訪問したことにある。ジョーンズがフロイトを訪れたことの背景には，もちろん個人的な理由も数多くあったのだが，彼は精神分析をイギリスに広める決心をし，その後，子どもの分析の重要性にも着目するようになり，クライン Klein, M. をロンドンに招いた（1926）。また，ジョーンズは，第二次世界大戦が勃発する直前には，多くのユダヤ人の分析家の，ドイツ・オーストリーなどからの亡命に手を貸し，特にフロイト父子の亡命には心を砕いた。彼の努力もあって，フロイトは，死の前年，1938年にロンドンに到着する。その時点では，クラインはすでにイギリスに根付いていて，弟子もたくさんいたのだが，フロイトと前後して大陸から来た分析家たちは

アンナ・フロイト Freud, A. を中心に一つのグループを構成し，クライン及びその周辺の人たちの理論が異端的であると批判を開始し，また教育・指導体制に関しても批判が募り，「大論争」が引き起こされたのである（1941-1945）。

この「大論争」は，その後紳士（淑女？）協定が結ばれて，お互いの教育プログラムを尊重するということで妥協が図られたが，その際に，クラインのグループにもアンナ・フロイトのグループにも属さなかった人々が，中間派 middle group として括られるようになった。やがて彼らは，それぞれの人たちがグループを形成するのではなく独立に行動していることから，独立学派 the Independent と呼ばれるようになったが，自分たち以外の二つのグループの党派的な動きに反発した，という面もあれば，両グループから零れ落ちた人たちの受け皿になることで機能した，という面もあるようである。いずれにせよ，彼らは，元々個々が独立しているので，共通の理論などはない筈だが，それぞれが案外似たようなことを考えており，オフィシャルな指導者は居ない寄り合い所帯にもかかわらず，それなりにまとまりはあったようである。その背景として，英国精神分析協会が，クライン派とアンナ・フロイト派とに分断されて，政治的な争いを続けることに対して，何とか全体のまとまりを維持しようという力学が働いたためである，と理解することも出来るだろう（しかし，ウィニコットをはじめ，当時の歴代の英国精神分析協会の会長は，この分裂のために，かなり消耗したことをぼやいている）。

この独立学派の比較的多くの分析家たちが考えていたことを何点か挙げてみたい。それらは早期発達を重視すること，神経症としては表面化しないような軽微だが深刻な病理に注目すること，環境の重視などである。どうしてこのように興味・関心が同じ方向を向いたのか，それは今，多くの人たちが広汎性発達障害（PDD）に興味を持っていることと同じようなメカニズムになるかもしれないのだが，精神疾患は流行する（もちろん，ある精神疾患が流行するためには，それなりの時代背景がなければならず，その点でインフルエンザなどとは大きく異なる）のである。そして，彼らの時代に，精神分析家たちの間で流行をしていたのがスキゾイドだった，ということである。スキゾイド患者は，風変りなところもあるが，表向き

は何も問題がないかのように生きている人たちで，しかし背後で深刻な問題である自己の分裂を抱えている（そのことに自覚があるかどうかはケースバイケースである）人たちである。そうした分裂の結果，彼らは何か生き生きと出来なかったり，リアルな感覚が乏しかったり，何か大事なものが欠けている，という内的な自己不全感を抱いている。しかし，それなりに適応は出来ているので，直ちにセラピーを求めて来ることは多くない。おそらく精神分析が徐々にそういった内的な自己不全感を取り扱うようになって，彼らが分析を求めて来るようになり，独立学派の精神分析は神経症よりもむしろスキゾイドの分析を中心とするようになったのである。しかし，こうした人々は昔から居たはずである。それなのに，それ以前は余り注目を集めていなかったのは，フロイトの時代に始められた神経症の治療がそれなりに成果を挙げる一方で，無意識を意識化しただけでは根本的な解決にならないことが認識されるようになり，パーソナリティ全体が分析の対象になっていった結果，より発達早期に起源のある病態が炙り出されてきた，ということなのだろう。

　独立学派は党派的ではなかったが，何人かの理論的なリーダーが出現してきた。フェアベーンは，スコットランド人であるが，エディンバラで独学でフロイトの著作を読んで，精神分析的思考を深めて精神分析実践を行っていった。彼は最初，戦争神経症の患者たちと出会い，その後，児童クリニックで，非行や虐待などでトラウマを受けた多くの子どもたちと関わり合い，虐待を受けた子どもたちが，虐待を行った親に愛着するという実際の親子関係をつぶさに観察することを通して，フロイトの身体的な性的欲動論に批判的となり，関係性の欲動論を展開した（否定的な対象にさえ，リビドーは向けられるのだから，「リビドーは対象希求的である」）。彼は自分が担当した虐待などのケースにおいて，環境の影響が大きいことを経験して環境論者となり，環境と内的対象関係のシステム論（その最大の特徴は分裂であるが，悪い対象との関係も内在化されて重要な役割を果たす）を唱えたことは，十分に理解出来ることである。彼の弟子には，「内なる子ども inner child」を唱えたことで有名であり，対象関係論という言葉を米国をはじめ世界中に広めたガントリップ Harry Guntrip がいるが，彼らのスキゾイドの理論は，その後，境界例などのパーソナリティ障害の

理論に大きな影響を与えたことが知られている。

　バリント Michael Balint は，ハンガリー出身のユダヤ人分析家で，元々対象関係論的な考え方の礎を築いた一人であり，フロイトにも大きな影響を与えたフェレンツィの弟子である。彼は師の影響を受けてやはり環境論者であり，治療者と患者の相互関係を重んじている。彼のスキゾイド論は，基底欠損 basic fault の理論として知られるが，これはエディプス期以前に渾然一体の状態（一次愛 primary love）にあった個体に対象が出現することによって，一次愛が失われた際に起こる反応である。患者にとってそれは感情や情緒の問題なので，「何かが欠けている」という感覚が生まれる，と彼は述べているが，そうした環境欠損によって起こったトラブルを修復できるのは環境のみであり，そのためには退行が許容されなければならず，良性の治療的退行が必要になる，というのが彼の見解であった。

　独立学派の代表的理論家と言えばウィニコットであろう。彼については，第2章でより詳細に述べるが，40年間の小児科医としての経験を通して，子どものみならず，母親と子どもの関係の観察をしたことは，彼の理論に大きな影響を与えたことは間違いない。彼は精神分析家にはなったが，精神科医ではなかった。もう一つ忘れてならないのは，彼は単にカリスマ性があるだけでなく，主張する人であり，英国精神分析協会の会長職などを歴任しており，悪口を言う人からはプリマドンナと言われた（蔑ろにされることを嫌った）ということである。彼には公認の弟子はいない（弟子を自称する人たちはたくさんいる）が，多くの人たちに影響を与えていることは事実である。

　その他に独立学派の初期の分析家で重要な人物に，ボウルビー John Bowlby がいる。彼は，クラインから教育分析を受けており，元来クライン派と目されていたが，環境を重視する必要性を唱えたことで理論的に衝突し[注6]，後に袂を別った。彼の愛着理論は，動物行動学やシステム理論などを柔軟に取り入れたものであり，現実の母子関係を元に理論構築を行ったが，余りにもオリジナルで斬新なため，その時代の多くの分析家は理解

注6) 彼は，袂を別つ際に「それでも悪い母親は存在する E pur si esse」と呟いたと言われているが，「それでも地球は回っている E pur si muove」と Galileo が言ったことを捩ったものと考えることが出来るだろう。

することが出来ず，精神分析以外の発達心理学などでの活動が主体となっていった。

それ以外の独立学派の第一世代の分析家には，ペイン Payne, S., シャープ Sharpe, E.F., ブリーリー Brierley, M., ハイマン Paula Heimann などがいる。

その後，独立学派の中心を担った人たち（第二世代）には，カーン Masud Khan, ミルナー Marion Milner, ライクロフト Charles Rycroft, リトル Little, M., コルタート Nina Coltart などがいる。彼らは多士済々であり，基本的な人間観は共通するものの，具体的な理論に関しては，なかなか共通点を見出すのは困難である，とも言える。これらの人たちには比較的ウィニコットと近しい人々が多いために，独立学派の理論にはウィニコット色が強くなる傾向があると言えるだろう。また，彼らはウィニコットと並んで，クライン派であるビオンの，特に晩年の理論の影響を受けている。ビオンの晩年の理論は，独立学派の理論といっても遜色がないようなものであるが，彼は，独立学派の多くが唱える楽観的な人間観には馴染めなかったようである。

さらにその後の世代の人々（第三世代）となると，独立学派は，イギリスだけに留まらなくなり，世界中へと広がっている。我が国でも知られている代表的な分析家としては，グリーン André Green, マクドゥガル Joyce McDougall, オグデン Thomas Ogden, ボラス Christopher Bollas, シミントン Neville Symington, ケースメント Patrick Casement などが挙げられる。

また，ここで，日本での独立学派対象関係論の受容についても簡単に述べておきたい。日本の精神分析の草創期に古澤平作はクラインの理論を取り入れていた。その後，土居健郎，小此木啓吾，西園昌久らが，新しい精神分析理論として，対象関係論を紹介している。わが国で本格的に対象関係論が導入されたのは1970年代に入ってからで，メニンガー・クリニックに留学した岩崎徹也は，1973年に精神分析研究誌に対象関係論を紹介した総説を書き，シーガル Segal, H. の『メラニー・クライン入門』の翻訳などを行っている。その後，小此木啓吾によって，対象関係論全体を展望する総説も書かれている。一方，当時九州大学にいた西園昌久は，イギ

リスの対象関係論の紹介を活発に行い，彼の周囲にいた牛島定信，神田橋條治らがその後イギリスに留学し，パデル John Padel を通して，ウィニコットを中心とした独立学派の理論を日本に紹介している。1976 年にはウィニコットの『情緒発達の精神分析理論』が，牛島定信によって翻訳されている。また，少し遅れて 1980 年頃よりフェアベーンのシステム自己の理論，マーラー Margaret Mahler，ジェイコブソン Edith Jacobson，カンバーグなどの自我心理学的対象関係論の紹介が，青年期境界例や境界パーソナリティ障害の精神病理や治療との関連で紹介され，それを通して対象関係論の理解が深まっていった。

その後，クライン，ウィニコットに関しては，著作集が翻訳刊行されることにより，主要論文は日本語で読めるようになっている。ビオンに関しても，代表的な論文は翻訳されている。フェアベーン，バリントなども代表的な論文は日本語で読むことが出来る。また，独立学派第二世代，第三世代の分析家たちの著作も，ケースメント，オグデン，シミントン，ボラスなどを中心に翻訳刊行されている。このように，日本への紹介という点では，英国独立学派の対象関係論の人気は高いということが出来るだろう。ただ，翻訳は手に入るものの，日本人による本格的な研究書は未だ数少ないことからも分かるように，これらの理論が十分に咀嚼されているかどうかが問題である。

ところで，以上に述べたように，独立学派の対象関係論は多様な展開を見せているが，本書で扱うウィニコットからボラスへの流れは，その中で主軸となるものであると私は思う。ウィニコットの理論は「一人の赤ん坊というものはいない」という主張に示されるように，独立学派の理論の中で，最初に関係性を取り扱ったものとして，また，そこからの発展として，遊ぶこと，移行対象を扱ったものとして意義深い。ボラスは，そうしたウィニコットの理論をさらに展開しようとしたものである。ボラスは，ウィニコットの早期発達の理論や，本当の自己と偽りの自己の理論を精緻に分析することから，変形と変形性対象の理論を展開し，イディオムやフォームという概念を剔出している。そこから，人間の在り方の基本を構成する無意識についての検討を深め，無意識が本来的にコミュニケーティヴであることや，無意識と創造性との関連から，精神分析や芸術の創造性にまで，

守備範囲を広げた理論である。ここでウィニコットとボラスの理論を中心として，現代独立学派の対象関係論の全体像について述べていきたい。

英国独立学派理論の特徴

ここでは，多様な展開を見せている独立学派の理論について，他の精神分析学派との異同を中心に，いくつかの要点を紹介したい。

【1】フロイト，クラインの理論から受け継いだもの

フロイトの考えでは，「身体性（フロイトの場合はむしろ肉体性と呼ぶべきだろう）から欲動が生まれる」という理論だったが，独立学派では，欲動を無視することはないものの，それ以上に関係性を重視しており，身体性との直接的な結びつきに関しては，それを重視する人とそうではない人に分かれているように思われる。独立学派の対象関係論では，精神と身体がどのように結びつくのかが大きなテーマの一つとなっているのであるが，欲動が人を動かす（というよりも，人間を動かすエネルギーを欲動と呼ぶ）と考える点で欲動論の立場を少なくとも建前上は維持しているのであり，精神分析の伝統に則っていることは揺るがない。むしろ，欲動と対象関係のバランスをどのように考えるか，ということになると思われる。その点で，多くの独立学派の分析家は，人間の赤ん坊には，健康に育っていく欲動が内在している，と考えている（だからこそ，それを妨げる可能性のある環境が問題となる）。また，健康に育つことの中には，創造的であること（原初の創造性）が含まれている，と考えるのである。

ところで，フロイトが当初ヒステリーの病因に関して，現実のトラウマ（特に性的な外傷）を考えていたが，やがて患者の語ることは実は心的現実に過ぎないのであり，多くは空想物語であるという事実に触れて，内的幻想論へと転換していったことは周知のことである。その転換の理由の一つとして，フロイト自身が，自分自身で多彩なヒステリー症状を持っていたのに，誘惑された記憶がないことが関わっていたことが言われている。いずれにせよ，幻想を主な素材として取り扱うことで，精神分析は発展していったのであり（一方で，フロイトと同じようにシャルコー Charcot,

J.M.の薫陶を受けたジャネ Janet, P. は，現実のトラウマを重視し，今日の外傷理論の基礎を作った），その考えは基本的なものとして独立学派にも受け継がれている。しかし，フロイトは，内的幻想の中で自己や対象がどのような関係を持っているかという対象関係論的観点よりも，一人の人の中で抑圧がどのように行われ，心はどのようなメカニズムを持っているのか，ということに興味を抱き，その点を中心に精神分析は発展していった。フロイトが対象関係に改めて目を向けるようになったのは1908年以降であると言われている。そのころには，フロイトのところに治療を求めてやってくる患者層にも大きな変化が見られるようになり，無意識を意識化するという観点では対応しきれなくなっていた。彼らに対応するために，外的現実が内的幻想にどのように移し替えられるのか，ということや，精神病ではどのようなことが起こっているのか，などといったことに関心を向けることが必要となり，自体愛，自己愛などの概念が，理論にとりこまれていった。そのため，1908-1919の期間を，「フロイトの対象関係論時代」と呼ぶことがある。

　一方，クラインは，元々子どもの治療から精神分析に接近したということもあり，子どもの遊びの中で何が展開しているのかということから内的幻想の理論を発展させた。クラインの活動の拠点がロンドンだったこともあって，独立学派の分析家たちの多くは，多かれ少なかれクラインの影響を受けている。ただ，独立学派の分析家たちが，現実の対人関係や現実に起こった外傷的経験の重要性を強調したのに対し，クラインは，現実世界の重要性を理解していないわけではなかったが，それを導入することは理論の混乱を招くと考えて，あえて否定的な見解を述べ続けたことにより，両者の立場の違いが明白なものとなったと言われている。

　フロイトとクラインによる，こうした内的幻想の考えは，独立学派の対象関係論の発展に大きな影響を与えた。ただ，注意すべき点は，両者の考え方は，いずれも患者の内的世界を重視したものであり，あくまでも一者心理学的であるということである（現代の対象関係論は，二者心理学にシフトしていることに関しては後述したい）。

【2】独立学派の理論の独自性

　独立学派の理論はクラインの理論を母胎として，それに対抗する形で発展していった。早期発達の重視は独立学派のみの考えではなく，クラインの理論においても見られる特徴である。ただ，独立学派では，健康な発達を目指す赤ん坊と，それを支援しようとする母親という健康なモデルを基盤に置いており，その中でも特に最早期の赤ん坊と母親の関係が重要となる。独立学派では，最早期には母子は未分化な状態にあると考える点で，クライン派の，生まれたばかりの赤ん坊でもそれなりの精神装置を持っていることを前提とする考え方と異なっている。また，独立学派では，基本的に「死の本能」「死の欲動」を妥当なものと認めず，加えて現実の母親の役割を重視する点で，クラインの理論とは大きく異なる。

　つまり，独立学派は基本的に環境論であり，環境の果たす役割の重要性を強調しているということである。その最も代表的な理論は，ウィニコットによる「環境としての母親 environmental mother」の概念であろう。彼は母親を，その役割から，「環境としての母親」と「対象としての母親」に分けており，早期発達においては，「環境としての母親」の「抱える holding」機能が重要だと主張している。一方，独立学派では，様々な精神病理は基本的に環境の不備による「環境欠損病」と考えている。早期発達における環境欠損が主要な病因となるので，病態としては，スキゾイドが大部分を占めることになる。また，その修復は，欠損が起こった時点にまで遡ることが必要と彼らは考えており，そこから治療的退行による治療論が生まれてくるのである。一方，退行が必要でない場合でも，治療的な関わりとして，解釈よりも，解釈をしない non-interpretation にも拘らず治療者が存在し続けることの意義などが強調されることになる。

　これは技法的柔軟性と言っても良いだろうが，その背景にあるのは，分析状況の中で，何を重要な因子と考えるか，ということであろう。言わずもがなのことであるが，やはり言わなければならないのは（そうでないとそれが軽視されがちだからだろうが），独立学派では，ヒューマニズム，つまり被分析者を普通の人間として尊重することを重要だと考えていることである。つまり，患者を普通の人間として共感できるかどうかが出発点となる，とコルタートなどは主張する。また，分析の隠れ身などといって

も実際には分析家の人間性は滲みだすものであるから，分析家がどんな人間であるかが大きな影響を及ぼすことになる，と言うのが彼らの考えである。技法的柔軟性と言うのは，言葉としては分かりやすいが，実際にどのようなことを意味するのかを捉えるのは難しいように思う。具体的には，例えば「治療的退行」は一つの方法であるし，ウィニコットの長時間セッションや，オン・デマンド法もそうであるが，要するにガーデニング（植物を育てるように，患者を育むこと）と同じなのだと思う。また，このような技法の背後にあるのは，患者と，もう一人の主体としての治療者との相互関係によって治療が行われる，という考え方であり，この点では古典的な精神分析と一線を画していると思う。しかしながら，このように述べても，独立学派はそれぞれの分析家が独立しているので，ここでまとめたことが全ての分析家に共通の見解ではない，ということである。異なった意見を持っている分析家もおり，それが許容される。そのように彼らは心を閉ざしておらず open-minded，また，折衷的であるので，中軸となる理論がない，という批判がなされることがある。

ここで，クライン派の対象関係論と独立学派の理論を対比することが，理解をより深めることにつながると思うので，表1に示した（ここに示したのは，もっとも一般的な見解であり，それぞれの分析家によって，理論は少しずつ異なっている。）

クライン派の理論と比較すると，両者の違いがシャープに浮かび上がることと思う。相違点としてあげられるのは，独立学派はクライン派に比べると，より現実の要因を重視すること，クライン派の根本は一者心理学であるのに対して，独立学派は関係性を重視すること，クライン派では攻撃性を中心的な力動と考えているのに対して，独立学派はそれを二次的なものと捉えていること，などである。また，現代の関係性理論[注7]は，サリヴァン Sullivan,H.S. の対人関係精神医学と，対象関係論を母体として生まれた理論であるため，対象関係論とはどうしても共通点が多いことにな

注7) Relational Psychoanalysis は，1980年頃より米国を中心に展開している精神分析の学派であり，その特徴は，欲動ではなく関係性を一次的なものと考えることにある。その点では，対象関係論と類似しているが，対象関係論が本能を重視し身体性を重んじていること，また，早期発達の意義を強調しているのに対して，関係性理論では，現実の対人関係を重視している点で，多少の違いがある。

表1 クライン派理論と独立学派の理論

	クライン派	独立学派
内的幻想と現実	内的幻想〜内的世界を重視 現実は軽視	内的幻想〜内的世界 現実世界（＝環境）も同等に重要
本能論	本能二元論 死の本能の攻撃性・破壊性を重視	本能論としては，健康に生きる力を重視
精神病理の原因	死の本能が精神病理を引き起こす	環境の不全が精神病理を引き起こす
赤ん坊と母親の関係	赤ん坊は生まれた時点で，母親とは別個の存在であり，心的装置を有している	最早期には赤ん坊と母親は未分化であり，その後の侵襲が発達を促す
関係性	一者心理学的〜患者の内的世界の中で，対象関係が展開している ビオンの投影同一化の概念によって二つの主体の相互性が理解されるようになった	「一人の赤ん坊というものはいない」
治療目標	不安（迫害不安・抑うつ不安）をどのように耐えるか	（スキゾイド状況に対して）どのようにすればリアルに生きられるか
治療技法の要点	技法的には古典的なものを踏襲 理解のためには解釈が必要 不安の解釈→理解→痛みに耐えること	古典的枠組みは用いるが，比較的柔軟 マネージメント 抱えること 存在し続けること，生き残ること

る。

　但し，注意すべき点は，このように書くと独立学派の対象関係論は他の精神分析理論と隔たった独自の理論のように思えるかもしれないが，実際には，現代の精神分析理論は，全体として統合の方向へと進展しており，個々の理論同士の照合が行われるようになっている，ということである。実際に今日の一般的傾向として，臨床場面では，学派ごとにそんなに大きな違いは見られず，全て似通ってきているという指摘もなされている。

2 ウィニコットの対象関係論

　私は自分がウィニコットの理論から，強く影響を受けていることを自覚している。最初に読んだ精神分析関連の本の一つが『ピグル The Piggle』だったことも関係しているかもしれない。その本を読んで，私は彼の自由な発想と臨床にすっかり魅了されてしまった。それ以来，何とか彼の臨床的スタンスに近づこうと思うのだが，いくらやっても少しも近づいた気にならない。どうしてこんなことを思いつくことが出来るのだろうか，思いついたとしてどうしてそのことをこんなに大胆に伝えられるのか，また，患者にそれが分かるとどうして分かるのか？　ウィニコットの文章は，語り口が柔らかいために，以前は簡単だと誤解されていたこともあったようだが，実際にはそんなに簡単なものではない。私は今でも繰り返しウィニコットの文章を読んでいるが，どこまで理解出来ているのだろうか，と度々不安になる。

　しかし，ウィニコットはわが国だけでなく，世界中で最も人気のある分析家の一人である。どうしてなのだろうか？　一つには，生きることに対する彼のポジティヴな見方に共感するということがあるだろう。また，彼の遊ぶこと playing を含むパラドックスの理論が，私たちの創造性を刺激するということがあるだろう。しかし，人気の最大の理由は，彼の対話 dialogue を重視する姿勢だと思う。彼の文章は，私たち一人ひとりに語りかける文章である。創造性は対話を通して生まれると言われるが，彼の文章を読むと，私たちは彼から語りかけられ，彼の誘いに従って自分自身との対話へと導かれることをしばしば経験する。例えば，ウィニコットはこのように臨床を行っている，この現象に関してこう説明しているが，自分だったらどうするだろう，どう考えるだろう，などと連想するのである。

これが彼が人気がある理由でないか、と私は思う。私はオグデンほど挑発的な書き方はするつもりはないが、いったんウィニコットを読むと、最早後戻りは出来ないのである[注8]。

しかし、ウィニコットを読むことがそのような経験を生むとしても、ウィニコットの理論自体、しっかりと味読することにより、私たちの得るものは大きいと思う。本章は、そういった難解なウィニコットの理論を少しでも私たちの馴染み深いものにしようとする試みである。

ウィニコット理論の背景

本書では彼の人生を細かく辿ることはしないが、精神分析家としての理論展開に関係することの概略は述べたい。彼は生粋のイギリス人としてプリマスに生まれた（1896年）。父親は後にプリマス市長にもなり、サーの称号を授けられた商人であり、母親は家庭の主婦だった。彼には姉が二人居たが、父親が不在のことも多く、親戚にも女性が多く、彼は女性に囲まれて幼少期を過ごしたらしい。その中で特筆すべきことは、母親が病気がちで抑うつ的だったということであり、彼は子どものころからその脆弱な母親を気遣っている。このことが後日、世話役 caretaker をはじめとする偽りの自己の理論へとつながっていると見ることが出来るだろう。また、彼が生涯を通して、語りかける女性を必要としていたこと、具体的には、クライン、ミルナー、その後クレア・ウィニコット Clare Winnicott に対してであるが、そのことにも彼のこの成育歴が関与していることが考えられる（その一方で彼は、こうした女性たちから多くのことを学んでおり、それらは彼の理論へと統合されている。クラインからは対象関係論と子どもの精神分析を、ミルナーからは創造性の理論を、クレアからは環境の重要性を学んでいる。また、このことが彼の対話的な書き方の基盤にあると考えられる）。

ウィニコット自身が語る人生経験の重大な出来事としては、第一次世界大戦に従軍して、多くの友達を失ったことがあるが、このことがどのよう

注8) Ogden の The Subject of Analysis の書き出しを参照。

な影響を及ぼしたかについては，明確ではない。戦後，復員したウィニコットは，小児科医となり，子どもたちのコンサルテーションを開始した。彼は当初は一般の小児科医だったのだが，初期から子どもの精神医学的な問題に関心を持ち，徐々にそちらに傾倒していくことになる。世の中全体の動向を反映して，小児科の研究テーマが，感染症などから心身症的なもの，精神的なものへとシフトしていったことが好都合だったと彼は述べている。精神分析を志すようになったのは，ジョーンズに自分の悩み（狭心症などの心身症，インポテンツの他に，夢を見られないことが彼の悩みだった）を相談に行き，そこで分析家になることを勧められたためである，と彼は言っている。彼はフロイト全集の翻訳者であるストレイチー Strachey, J.から教育分析を受け，その後リヴィエール Riviere, J.からも教育分析を受けているが，いずれもクラインに近しい人たちであった。その後クラインからスーパーヴィジョンを受けたこともあって彼は1945年頃までクライン派に属すると見なされていた。実際彼は，1935年に躁的防衛に関する論文で，分析家の資格を得ている。その一方で，彼は，生涯を通して小児科医であることを止めることはなかった（しかし，病棟を担当する本格的な小児科医にはならず，外来部門でコンサルテーションを担当していた）。

彼は2回結婚しているが，最初の妻アリスはおそらく統合失調症だった。彼が家で非行少年を預かり，大変な目に遭ったのはこの時期のことである[注9]。またウィニコットは，ミルナーが分析していた精神病の少女を自宅で預かることもしているが，これらは家庭という環境を提供すること（彼は，「全ての始まりは家庭にある Home is where we start from.」と主張する）で，様々な精神的問題に，どれだけ対応することが出来るのかを実験しようとした，と見なすことが出来るだろう。それ以外にも，彼は治療困難と思えるケースや相当重症なケースを多く担当しており，野心的な治療者だったと言うことであろう。その後，第二次世界大戦が始まり，彼は戦時下の疎開児童の養育などの仕事に関与するが，そこでケースワーカーだったクレア・ブリトンと知り合い，一時期の不倫関係を経て，アリスと離婚して，クレアと結婚することになる。その頃より，全てを無意識

注9) 彼の理論では，適切な環境が提供されれば問題行動は収まるはずだったが，実際はそうならなかった。この少年との経験が結実したのが「逆転移のなかの憎しみ」である。

と見なすクラインの考えには付いていけず，徐々にクライン派からは距離を取るようになった（しかし，クラインとの個人的な関係は生涯続いた）。

その一方で，ウィニコットは，生涯で600篇以上の論文を書き，それ以外にもBBCのラジオ放送でも番組を持ち，精神分析や心理療法に関連する英国の様々な学会の会長を務めるなど，社会的にも活躍した人であり，そのような側面を忘れてはならない，と思う。彼が英国分析協会の会長職を務めたことの背景には，先述したように，クライン派とアンナ・フロイト派とが分裂していたために妥協の結果，中間的であるウィニコットが会長職に指名された，ということもあるかもしれない。会長として，双方の党派的な活動を何とかコントロールしようと努力しているウィニコットの姿は書簡集などを見ると浮かび上がってくるが，その努力はあまり功を奏さなかったようである。また，ウィニコットは大変傷つきやすい側面もあって，何回か大きな心臓発作を起こしているが，それらはいずれも人生の危機のときに起こっており，最晩年に，ニューヨーク精神分析研究所で「対象の使用」について講演したものの，参加者からの冷たい反応に傷ついて，健康を害して重症の肺炎を起こし，それが亡くなる遠因となった，というのは有名な逸話である。彼にはタフな面と傷つきやすさが併存していたと言うことであろう。彼が亡くなったのは1971年であり，未だ対象関係論が世界的なブームとなる以前のことであった。

ウィニコット理論の要点

精神分析家だから当然なのだが，無意識と呼びうる心の領野があり，そこで内的世界が展開しているということは基本的前提となっている。また，彼は，人間のポジティヴな成長を信じているが，そのために環境の果たすべき役割は非常に重要であると考えている。特に，早期発達においては，環境の重要性は無視できない。この考えは，「一人の赤ん坊というものはいない」[注10]という箴言に結実しているが，これは（精神療法においても）常に二人によるシステムがあるということであり，さらには，そのような

注10）しかし，この赤ん坊と母親は対等なのだろうか？　対等ではないと見るところに，独立学派の原点がある，と見ることも出来るだろう。

システムが展開するためには「場」(時間と空間) が前提となる，ということである。また，もう一つの重要な前提として，現実の世界を無視しないということがあるが，その結果として，人は内的世界と現実世界の二つの世界を同時に生きることになるのだが，そこでは何が起こるのか，ということから，人と人との関係性には常にパラドックスの面がある，ということになる。また，それだからこそ遊ぶことが展開することになる (というより，むしろ必要となる，と言うべきかもしれない)。

ウィニコットは，自分はいつも同じことを繰り返して述べているだけである，と言っているが，その要点を，早期発達の理論と，遊ぶことの理論とに大きく二つに分けて述べていくことが出来ると思う。

早期発達の理論

早期発達とは，成熟過程 maturational process の理論である。

早期発達に関しては，本書の第2部で詳しく論じるので，ここではその主な考えのみ説明したい。ウィニコットは，赤ん坊は育つべき存在であり，通常の環境は，赤ん坊が育つ条件を提供する，と主張する。また赤ん坊は当初は本当に未発達の状態であり，どこまでが自分でどこからが母親か分からない状態である，と考える。それは環境が赤ん坊のあらゆるニードに答えることが出来るからである (原初の母性的没頭 primary maternal preoccupation による)。しかし，環境はいつまでも赤ん坊のニードに答え続けることは出来ない。そうなると，赤ん坊は環境から切り離されて，一つの存在として統合が始まる (原初の統合)。最初は，ともかく一つのまとまりとしてだけ存在することになるのであるが，そういう存在を「抱える holding」環境があれば，これは一つのユニットとして機能し始めるようになる。その後そこに精神装置が構成され，この一つのユニットは一人の人格となる (人格化 personalization)。環境はこのユニットを「あやす (扱う) handling」ことで対応していく。その時点で，精神と身体も統合されるのだが，この統合が完全に上手く成就されるわけではなく，機能を補うもの (想像力による補い imaginative elaboration) として，「心」が発達する。人格化以降は，通常の精神性的発達段階に従った発達が見ら

れる，というのがウィニコットの見解である。この統合が上手くいかない場合には，様々な病理が引き起こされることが考えられる。

　環境との相互関係で考えると，最初に環境が行うのは「抱えること」であり，続いて「あやすこと」が行われる。さらにその後人格化が起こってから，「対象を提示すること object-presenting」を通して，発達が展開する。一方，環境は常に最適な条件を提供できるわけではないので，しばしば赤ん坊に対する適応不全を起こす。それが余りにも大きいと，侵襲 impingement となり，しばしば精神障害に結びつくと考えられている。しかし，侵襲があってこそ（つまり余りにも適応的過ぎる環境では子どもは発達しない）発達が起こるという一面もある。また，このことを錯覚 illusion と脱錯覚 disillusionment の文脈として理解することも出来る。抱えられている間は，自分は何でも出来るという万能感は膨らむが，実際には環境があってのことでこれは錯覚であり，一人では何もできないという現実があるからである。

　いずれにしても，全てが環境を前提としたものであり，それ故に環境の機能不全が問題なのである。その点でウィニコットの攻撃性は，クライン派などの攻撃性とは意味合いが異なる。ウィニコットにとって，攻撃性は，いわば子どもが生き生きしていることである。これはとても重要なことであり，生き生きとしていることで初めてリアルであると感じられる，と彼は主張する（「リアルであると感じられることは，存在していること以上のものである Feeling real is more than existing.」）。ここで導入されるのが偽りの自己 false self の考え方である。偽りというと日本では重大な欠損であるかのように思われるが，そういうわけではない。偽りの自己とは，大変幅広い概念なのである。彼は，本当の自己 true self と偽りの自己の理論を唱えたが，本当の自己とは，このリアルであると感じられる自己であるのに対して，偽りの自己は環境に迎合した自己であり，その結果，リアルである感覚は乏しくなるということである。攻撃性に話を戻すと，攻撃性が破壊的となり得るのは，環境がそれをどのように受け止めるかによるのであり，発達促進的にも，発達阻害的にもなり得るのである。もっとも問題なのは，赤ん坊の主観的攻撃性を母親が「生き延びる」ことが出来なかった場合であり，そのようなことが度重なると，赤ん坊は結果を怖

れて，攻撃性をあらわすことが出来ないことになる。このように，ウィニコットは健康を重視している点で画期的であるが，「これまでの精神分析では，健康を表現することはほとんどなされてこなかった」（ボラス）のである。

また，ウィニコットは「防衛」ということを重視しており，（偽りの自己を含めて）症状や性格も防衛であると考える。症状や性格は，その人が生きるために適応しようとしたものであり，その側面を評価することが必要である。しかし，防衛が強固になり過ぎると，それが適応や発達を阻害することがある。例えば，偽りの自己による障害が余りにも強い場合には，リアルに感じることが阻害されるため，何のために生きているのかが分からない，ということも起こり得る。また，彼は反社会的傾向 antisocial tendency もまた，防衛的な意味合いがある，と主張している（「非行は希望の徴である Delinquency as a sign of hope」[注11]）。

遊ぶことの理論

ウィニコットの遊ぶことの理論に関しては，様々な視点からの理解があり得るが，『ウィニコット用語辞典』（Abram, J.）の解説は大変明快でまとまっていると私は思うので，その記述に従って要点を述べていきたい。詳しくは，第3部で改めて論じる。

①遊ぶことの理論の展開：遊ぶことの理論は，舌圧子ゲームから生まれ，

注11) 環境の欠損（失敗）を補おうとする子どもの側の努力として，反社会的な傾向が見られる，とウィニコットは主張する。しかし，そのようなことが可能になるのは，子どもが自分のことを一人の人間として経験するようになってから以降のトラウマに対してである，と彼は述べ，それらは更なる自我の発達を阻止するほどの問題でない時に起こることである，と主張している。

ウィニコットは，あらゆる性格障害には反社会的傾向が見られるのだが，多くの場合，反動形成や迎合的な態度，白昼夢や自慰などといった些細な行動化に隠されている，しかしときに盗みや他の強迫的で攻撃的な行動や破壊として表現されると考えている。彼は，これらの行動は希望 hope の現われである，と主張する。つまり，トラウマを被る以前の生活に戻ろうとする試みである，というのが彼の考えである。また，こうした反社会的傾向は，然るべき時に，然るべく対応がなされないと，問題は固定化し，解決が困難になると述べている。

スクイッグルゲームや，精神療法，さらには人生全体の理論へと展開していった。

②指標としての遊びの質：人は遊んでいるときに豊かな創造性を駆使する。大人も子どもも同じように遊ぶが，言語的交流の場合には，どこが遊ぶことなのか，的確に示すことが難しいことがある。

③遊ぶことと攻撃性：赤ん坊は自らの攻撃性を示すニードを有しており，その際には赤ん坊の「無慈悲な自己」が自由な支配力を振るう必要がある。一方，治療者は，その原初の攻撃性を生き残る suvival ことが必要である。

④不安と遊ぶこと：不安を克服することは，遊ぶことのもう一つの性質である。（但し，このテーマをウィニコット自身は余り展開していない。）

⑤自己を体験することと友情：他者と遊ぶことが，二人の関係が友情となるためには必須である。

⑥遊ぶことと無意識：ウィニコットは，「遊ぶことは無意識への入り口である」と述べているが，遊ぶことは，可能性空間 potential space で母親と一体化している赤ん坊が分離するプロセスの中で展開する。

⑦発達と遊ぶこと：遊ぶことの発達は，思いやりの段階と関連が深い。しかし，遊ぶことには不安定さが含まれている。「一人でいられる能力 a capacity to be alone」は，他人の居る前で，一人でいられる能力であるというパラドックスである。

⑧遊ぶことと精神分析：精神分析とは，治療者と患者の二人が可能性空間を使用できることである。フロイトは精神分析を，患者の無意識について，分析家が何かを理解し，解釈などを提供することと考えたが，ウィニコットは精神分析を，「遊ぶことを高度に特殊化した形態である」と考え，「……遊びこそが普遍的であり，健康に属するものである」と述べた。彼は遊びの空間があることは解釈より重要であると主張している。

遊ぶことは移行対象 transitional object の理論と関連が深い。移行対象は対象というよりも，むしろプロセスなのだが，遊ぶことも移行対象もパラドックスを内包している。移行対象は錯覚と脱錯覚を経験している乳幼児の時期に出現する。つまり，早期発達の時期よりは少し経過した時期のことになると思われるが，こうした時期は曖昧で重なり合うものである。

また，移行対象の幾分かはその後も継続して生き残り，様々な文化的な行為の背景になることが知られている。その中には精神分析，心理療法も含まれるのである。

ウィニコットの精神分析技法論

彼は自分の臨床を，精神分析とコンサルテーションに分けているが，両者は時間や頻度によって区別するのではなく，何を扱うかによって区別される。その点に関しては，ウィニコットは非常に柔軟であり，一方で，ピグルのように，患者の希望に応じて不定期に行う（『ピグル』はウィニコットが最晩年に行った子どもの精神分析の記録であり，彼の没後に編集され，出版された。ここで彼は子どもと家族の求めに応じて，不定期にプレイ・セラピーを行っているが，こうした定期的ではないやり方をオン・デマンド On demand 法と呼んでいる）精神分析もあれば，他方で，そのままでは治療にならないレベルの患者を何とか治療可能なレベルにまで持って行くことを目指して，様々な方策を巡らす場合もあり，彼はそのような方策のことをマネージメント management と呼んでいる。このマネージメントには様々なことが含まれている[注12]。コンサルテーションは，彼が主に小児科外来で行っていたことであり，文字通り「相談」なのだが，患者（及び，必要に応じて家族）のニードを明らかにし，それに対応するためには，どのような方策があるかを相談する，ということである。1回のコンサルテーションは1セッションで終わることもあれば，数セッション続くこともあったようであり，特別な場を設定することもあれば，一般外来で行うこともあったようである。そういうことから，彼はコンサルテーションを，立ち寄りたいときに立ち寄っていくようなスナック・バーになぞらえているのだと思う。コンサルテーションの結果，精神分析を受けることが勧められる，ということもあるわけである。彼が生涯で行った精神分析

注12）マネージメントと抱えること holding とは，どのように違うのか？ マネージメントはこのままでは治療にならない人を，何とか治療に導入するためのいわば下準備である。これには多種多様なことが含まれており，いくつか例を挙げると，家族に対するガイダンス，環境の整備，急性期の混乱状態の平穏化などである。一方，抱えることは，早期発達段階にまで退行した患者を受容し，支え，理解する環境の機能である。

は 70-80 ケースほどということだが，コンサルテーションは 60000 ケース行ったと述べている。彼が具体的にどのようにコンサルテーションを行ったかについては，いくつかの論文に記されているし，『子どもの治療相談面接 Therapeutic Consultation in Child Psychiatry』はコンサルテーションについてまとめたものであるが，それだけでも十分に治療的なものである。それは多分，彼が子どもたちの心をわしづかみすることが出来たからだろう。『ピグル』でも顕著であるが，彼は子どもと同じ立場になって彼らと交流することが出来るのである。

　彼の理論では，精神障害は全て環境の欠損によって生じる「環境欠損病」なので，治療は，欠損の起こった段階にまで戻って，欠損を補うことが必要ということになった。そのために，彼は「依存への退行」という概念を提起し，全面的依存の段階にまで退行する必要がある，と主張している。退行はただ単に過去に戻ることではない。環境からの働きかけを受け入れる心的状況に戻ることが必要であり，それにはかなり長い時間が必要となる。そうした退行の状態では，解釈は余り有効ではなく，専ら「抱えること」によって，発達を促すことが重要である，とウィニコットは主張する。

　彼の論文には，しばしば「研究のためのケース」という言いまわしが見られるが，治療論は，これまでの精神分析では治療不能と考えられていた病態にどのようにアプローチするかという実験的なものとみることも可能であり，境界例やスキゾイド，精神病のケースなどが主な対象であった。また，そのために反社会的傾向がある子どもを実際に家で預かって見て，大変な目に遭ったりもしているのだが，これらも一連の実験と見ることが出来る。こうした実験の結果は全て芳しいわけではなく，反社会的傾向がある子どもを治すことはほとんど出来なかったようであるし，スキゾイド患者の中には 2500 回以上のセッションを持ったが，上手くいかなかったと自ら語っているケースも含まれており，ある患者が自殺したことに対して，ウィニコットがショックを受けて心臓発作を起こしたことも知られている。

3 ボラスの対象関係論

　クリストファー・ボラスは現代を代表する独立学派の論客であるが，2009年に来日したので，その謦咳に触れた人も少なくないと思う。ボラスは，無意識とは何か，精神分析とは何か，という問題意識を常に持っている人であるが，彼の理論の特徴は，何よりも私たちの連想を喚起するところにあると思う。ただ，彼の概念は，英語を母国語としない私たちには，やや取っ付きにくいところもあるので，本章がその理解の端緒になればと思う。

　ボラスは，自分がもっとも影響を受けた精神分析家はウィニコットであるということを，自分自身述べている。彼の変形や変形性対象の考え方は，ウィニコットの移行対象や，本当と偽りの自己の概念と関連が深い。しかし，ボラスは他にも様々な理論を取り入れて自分の理論を構成している。ウィニコット以外では，ビオン，ラカン，ミルナーなどの影響が強いようである。しかも，ボラスは精神分析以外の哲学，文学，批評理論その他の芸術などからの影響も強く受けて，自分の理論を構成している。

ボラス理論へのアプローチ

　それでは，ボラスの理論を紹介するためには，どこから手を付けたらよいのだろうか？　彼の理論は余りにも多様な側面があるため，どこから手を付けたらよいか分からないところがあり，しかも，体系的とはお世辞にも言えないうえ，時代と共に理論は変化し，重点も移動しているところがある。しかし，彼にはそもそも理論的整合性を重視する姿勢はないようである。むしろ，精神分析以外の概念を精神分析に導入することで，精神分

析を異化しようという方向性が見られる。

　私は以前，『精神分析という経験——事物のミステリー』を翻訳したときに，その巻末に用語集を作ることで，彼の様々な概念の紹介を試みた。鍵概念を押さえた上で，ボラスのエッセイを読み，そこから連想を膨らましていくのが，ボラスに接近する一つの方法だと思ったからである。その時に私が取り上げたのは，未思考の知，運命と宿命，イディオム，審美的，フォーム（変形，変形性対象），散種，精神的類概念，であった。最近刊行（2011）された『ボラス読本 Bollas Reader』の序文においても，同じように，いくつかの鍵概念が提示されている。それらは具体的には，イディオム，喚起的対象，精神的類概念，夢見ること，フロイトのペア，傾聴すること，反―人生，フォームと内容，である。私のものとは多少違うが，これは時期が異なる（私の場合は 2004 年刊行）ために，ボラスの理論の重点が移動したことを反映していると言えるだろう。もちろん紹介者が何を重要視するかによっても異なってくる，と言えるだろう。ただ本章では，そういう方法を採用せずに，ボラス理論の全体像を描くことを目指したい。

　私は，少し乱暴であるが，ボラスの理論は大きく分ければ，三つの主要テーマに分類されると思う。一つは，発達，本当の自己，そして人間の創造性とはどのようなものかを巡る理論であり，中心的な概念として，変形がある。二つ目は，精神分析と自由連想に関連する理論である。三番目は心とは一体何か，どのような機能を果たすのかについての理論である。三つの主要テーマと言っても，その区別は便宜的なものである。これらはお互いに重なり合うものであり，その出発点にまで遡るなら，無意識とはどういうものか，という疑問につながるだろう。

変形と変形性対象

　一番目のテーマは，彼の概念の中でも，出発点に位置づけられる変形 transformation と関連するものである。人間がその人独自の人となりを有していることを，彼はイディオム idiom という言葉を用いて説明する。イディオムは，日本語で言えば，慣用句とか語り口とかになるが，その人が本来持っているもののことである。イディオムには素因も関与するのだ

ろうが，他者から受け継がれたものも多く含まれる。それは私たちの他者性を反映したものだが，彼はそれらが未思考の知 unthought known，すなわちこれまで考えらえたことはないが，すでに知っているもの，を構成していると考える。イディオムはアモルファスなものであり，また，常に変形し続けるものであるが，何らかのフォーム form を通してしか表現されない。フォームとは形であるが，例えば人のフォームといった場合には，その人の性格などを思い浮かべると良い。しかし，「あなたの性格は何ですか？」と問われると，私たちはたいてい即答出来ないものである。むしろ「あの人からはこの間我が儘だと言われた」とか，「そうは言っても，自分ではたいていの場合はそうはならないように気を配っている」などといった連想が浮かんでくる。そして，その中からたいてい当たり障りのない表現を選んで，答えることになる。

　実際性格は，そのものとして存在するのではなく，自分と他者との関係性の中で，表現されるものである。それ故，相手が違うと，全然違って性格が表現されることも起こり得るのである。つまり，相手がどのようなスタンスであるかによって，私たちのフォームは変化する。しかし，そうは言っても，基本的なフォームは維持されると言えるだろう。

　私たちの基本的なフォームは，早期母子関係の中で形作られる，とボラスは主張する。その原型は，赤ん坊を可愛がる母親に見られるものである。母親は赤ん坊を可愛いと思い，美しいと思う。それを導いているのが審美的知性 aesthetic intelligence なのだが，フォームとは本来美しくあるべきで，この美しくしたい/させたいという原理は，私たちにとって基本的なものである，というのがボラスの考えである。実際，美しいのは型が決まったときであり（このように書きながら私が連想するのは，能や歌舞伎の型とか，儀式の型とかなどであり，一方で，枠のない絵，形のない作品は通常美しいとは思えないと思う），ここに美の一つの典型を見ることが出来るだろう。しかし，審美的知性は特別なものではなく，常に働いているものである。それが表れてくる具体的な例としてボラスが挙げているのが夢である。夢がそれなりのストーリーを持ち，しばしば面白い夢だと思わせ，つい誰かにその夢のことを話したくさせるのは，その夢が美しいフォームを持っているからであり，そこに審美的知性が働いているからである。

フォームは，しかし見る人が居るからこそ意味があるのであり，関係性の中でイディオムが変形し続けるのと同じように，フォームも変化し続けるものである。そのことをボラスは変形の概念を用いて説明する。私たちは常に変形を被っており，私たちはお互いに変形し合っている。その原型的な関係は，先述のように，母親と赤ん坊の間で起こる。自分の赤ん坊を変形する母親のことを変形性対象 transformative object と呼ぶが，この変形性対象はどちらかと言えばプロセス（過程）であって，対象ではない，という点では，ウィニコットの移行対象と同じ性質を帯びているということになる。また，移行対象が発達早期に限られないのと同様に，変形性対象も一生の間続くものであるのだが，移行対象が元来はありふれたものであったとしても，特別な存在となってありふれた存在ではなくなるように，変形性対象も特別なものとして，探し求められるものなのである。ボラスは，具体例として，メルヴィルの『モビー・ディック（白鯨）』[注13]で，エイハブ船長が，「これは何なのだ。この名付けようもない，解き明かしようもない，この世のものとも思えぬ。これは何だ。」と言うことを挙げている。ここには，言葉にならないものを何とか言葉にしようとする苦闘が現れている，と見ることが出来るだろう。エイハブにとって，そのような苦闘を引き起こすモビー・ディックが変形性対象であると言うことに異存のある人は居ないだろう。

変形ということでは，ビオンの変形の概念が連想されるかもしれない。ビオンが『変形』の中で述べている印象的な一節は，ひなげしの咲いた野原を画家が一枚のカンバスに変形したとしても，やはり何かが残るだろう，と主張するところである。ビオンはここから，そこには「不変のもの」が存在することを連想し，それが究極の存在としてのOにつながり，私たちはそのOを求めようと模索する，と述べている。この点でボラスはビオンと少し異なっており，彼は，乳幼児とその世界は母親によって変形されるのだが，母親もその変形の影響を被る，その変形は内容の変形である

注13）『モビー・ディック』はハーマン・メルヴィルの代表作で，白色の鯨モビー・ディックに片足を奪われたエイハブ船長が，それを求めて世界中の海を航海し，死闘の末，船もろとも海底に没するまでを描いたものである。これまでも，モビー・ディックやエイハブを，宗教的なものから世俗的なものまで，様々なものの象徴として解釈することが行われてきた。ちなみに，ボラスは，この小説をテーマとして学位論文を書いている。

とともに，フォームの変化でもある（このように説明すると，内容とフォームの違いは何なのか，ということが問題になるが，そんなことは余り問題にしないのがボラスのやり方ではある）と主張している。さらに最近のボラスは，人と人はフォームを通してもお互いに影響を及ぼし合っている，という視点から，インターフォーマリティ interformality の概念を提唱している[注14]。

ところで，芸術と変形性対象は関連性が深い。このことについては後で改めて論じるつもりであるが，簡単に言うと，芸術家は，自分自身の変形の記憶という体験の機会を，私たちに追体験させようとの意図のもとに，創作を試みるのである。もちろん，芸術とは創造のプロセスそのもののことであり，作品はそのプロセスの結果に過ぎない。変形の記憶という体験は，伝統的な哲学の表現を用いるなら，「もの」それ自体との出会いの経験なのだろう。しかし，その出会いは瞬間的なもので，すでに失われてしまって手に入らず，芸術家にもその記憶しかないのだが，何とか再現を試みることが創作活動になるというのがボラスの考えである。そのような出会いを引き起こす可能性のある特別な対象のことをボラスは，喚起的な対象 evocative object と呼んでいる。私たちは数多の対象に囲まれて生きているが，その中でも特に強い力価を持つ対象をこのように呼ぶ。それらは詩や絵画のような芸術作品かもしれないし，風景とか，ときには何でもない「もの」であったりもする。また，そういった喚起的な対象を中心に様々なものが，特に脈絡がないような形で集まって何かネットワークのようなものを構成する。これをボラスは精神的類概念 psychic genera と呼んでおり，ここに無意識の創造性が現れる，と述べている。

精神分析，精神療法は創造的であり，自由連想自体，創造的な行為であるが，そのような創造性が端的に現れるのは夢である，とボラスは主張する。夢に触れることは，私たちの意識的，無意識的自己の交流を盛んにす

注14）フォームには，当然のことながら様々なものが含まれるが，先ず「型」を美しいと感じ，「型」を通して何かを学ぶことは，私たちが慣れ親しんでいることである。遊ぶこと（例えば芸事，武道など）は先ず「型」から入る。型は師匠から弟子へと伝授される。ここにボラスの東洋への親近感があらわれていると考えられる。ボラスの最近の論考は，東洋思想を扱ったものであり，精神分析は，西洋のものの考え方と東洋思想を架橋する余地を内包しているというのが，彼の考えである。

るものである。

精神分析と自由連想

二番目のテーマは，精神分析と自由連想に関連するものである。その出発点にあるのが，無意識の受容性，すなわち受容的無意識 receptive unconsciousness である。無意識の連想は，次から次へと，新たな連想を呼び，際限がないものである。また，意味の連関で連想が進むかと思えば，単に語呂合わせで連想が行われることもあり，どのように連想がなされていくのか，私たちが気付かない場合が大部分だが，定まった法則があるわけではない。ある連想が，別の連想につながるのは，無意識自体が網の目のように構成されており，一つの観念が，複数の観念に連鎖しているからであり，そういった連鎖は日々新たに更新されていく。私たちのもの思いや白昼夢は，その連鎖に従って展開するのだが，そこで展開した思考の順番 sequence[注15]は意識レベルで見ると，奇想天外でおよそ意味がありそうには思えないことが多い。しかし，このようにある思考から，次の思考へ，そこからさらに次の思考へ，と思考が展開していくことは私たちが日常的に行っていくことであり，ボラスはこれを自由思考 free thinking と呼んでいる。ある思考と次の思考の関連は，ほとんど見えないことが多い。ところが，およそ関係ないと思えた観念も，（意味のレベルのみではなく）無意識のレベルでそのつながりを丁寧に探っていくと，何かしらつながりの意味が見えてくるのである。そのようにつながりを辿っていく作業の代表例が夢分析である。

このようにあれこれ勝手に連想する自由思考は，実は誰もがやっていることであるが，自由連想 free association は誰もが勝手に出来ることではない。自由連想が成り立つためには，二人の人間が必要であり，一人（被分析者）は自分自身を素材に自由思考する人であり，もう一人（分析家）

注15）ある連想の次に別の連想が浮かぶということは，連想には順番があるということであるが，その順番が明示的でない場合が多いものの，何らかの意味がある，とフロイトは『夢判断』で述べている。ボラスも『終わりのない質問』の中で，同様のことを述べている。それ故，「どうして今，そのことを連想したのでしょうか？」と尋ねることに意味があるのである。

は「平等に漂う注意」のもと，被分析者の語りを傾聴する人である。ボラスは，この役割を担う二人の組み合わせのことを「フロイトのペア Freudian pair」と呼んでいる。フロイトのペアの役割は，二人で，一方の一人である被分析者の連想を傾聴することであり，そのために色々な規則が必要となる（ここでもっとも重要なのは禁欲規則であり，分析の場では，分析家は勝手に自分のことを話し出したりしてはならず，専ら被分析者の連想に耳を傾けなければならないのである）。この傾聴することにも様々な異なったやり方があり得るのだが，代表的な方法は二つある。一つは患者の連想の連鎖を受容しながら傾聴することであり，この場合，連想はどこへ行くか分からないのだが，それを分からないまま傾聴するというのがフロイトの傾聴法である。今一つは，自分と被分析者の関係を中心に傾聴することであり，転移に注目することになるが，これを対象関係論の傾聴法，あるいはクラインの傾聴法と呼ぶ。ボラスは，連想することそのものは，母親の法（領域・範疇）に属する。一方，それを言葉として表現し，解釈に晒すことは父親の法（領域・範疇）に属する，と述べている。これは夢でも同様であり，夢を語ることは母親の法に，見られた夢を解釈することは父親の法に属する，と述べている。見られた夢を解釈していく作業は大昔から夢占いとしてなされたことである。自由連想することや夢を見てそれを語るとき，私たちは母親に抱れた子どもの自分たちに戻る。すなわち，こうした作業は，私たちの非常に幼い心とつながりを持っている，というのがボラスの考えである。

　さて，ここで述べた自由思考と自由連想の考え方は無意識の内容の連鎖について述べたものであるが，ボラスは，一つのセッションで起こっていることに対して，様々な次元からアプローチすることが可能であり，それは実際のセッションでは同時並行して様々なことが起こっているためである，と述べている。序章で述べた交響曲のスコアのメタファーを思い起こして欲しい。臨床を，変形の視点から理解することも可能であるとボラスは語っている。その場合，例えば，解釈は，その内容がどうかということも重要だが，解釈をする対象（分析家）との出会い，そこで変形性対象を再体験する機会として捉えるという視点が必要である。また，別の見方として，治療者が何をするかということよりも，その治療空間自体が意義深

いということも生じてくる。ボラスは，転移解釈，特に「今，ここで」の解釈は，被分析者の無意識の創造性を抑えてしまう可能性があると主張している。彼は，治療における重要な展開は解釈によってもたらされるものではない，と述べ，ストレイチー以来の「変化を起こす解釈 mutative interpretation」の意義に疑問を投げかけている。彼は，転移を中心とした解釈が，治療の焦点を「今，ここで」に結びつけるものとして，ストレイチーの主張の歴史的意義は認めつつも，精神分析における無意識の作業はセッションの間中，常に行われているものであり，その無意識の作業のもとに，突然，直観的に理解が降ってくる時がある，と述べて，直観の意義を強調している。芸術における創造でも，同じことが起こっているというのが彼の考えである。

心とは一体何か？

三番目のテーマは，心とは何かという問題である。心-精神 mind-psyche という概念を唱え，心が精神を補うものとして生まれたことを主張したのはウィニコットであるが，この言葉が指示しているものが精神なのか心なのか判然としないところがあるので，その後の分析家たちは，「心という対象 mind object」という言葉を用いるようになった（第5章参照）。ボラスは，「心という対象」としての心の機能の不思議さを，様々な側面から扱っている。彼は，心と呼ばれるものの破壊的，非分析的側面に注目する。例えば，規範病 normotic illness の場合，それに相当する人たちは，全て規則に従って生きようとするために，心のスペースがなくなって創造的な生き方は出来なくなる。すなわち規範的な人たちは，あたかもロボットのような生き方をするようになるのだが，そういった心の状態はどのようにして生じるのか，などを検討している。一方，心のファシスト状態は，心が一つの考え（スローガン）に捉われて，全く他の考えを寄せ付けない状態であり，考えること自体が皆殺し genocide の対象となる状態である。ファシストと言えば，私たちはムッソリーニやヒットラーを思い浮かべるが，彼らの支配下では，私たちは思考停止に陥っているが，同じようなことはしばしば起こる，というのがボラスの主張である。これは

クライン派であれば「死の本能」の現われと理解することが出来るだろうが，こうした状態をどのように位置づけることが出来るだろうか，あるいは本来は防衛的であり，自分を守るために発達した筈の心という機能が，何故自己を疎外し，個人のみならず，社会までも傷つけることがあるのか，といったことをボラスは論じている。これは今日，自己愛的とひっくるめて診断されることが多い患者たちの理解に有用な視点を提供してくれるものである，と思う。

　このようにまとめていくと，ボラスの理論はきちんとした体系的な理論であると思われるかもしれないが，実は彼の理論はそういうものではない。それはボラス自身も語っていることで，自分の理論は連想を喚起することを企図したものであり，そのため，わざと不明確な言葉を用いたり，矛盾する概念を述べたり，他の分野（哲学や文学など，精神分析以外の領域から）からの概念を導入したりしているということである。そういうことなので，彼の概念を真面目に取り扱うことは無駄な労力となる可能性が高い（実際，個々の概念がそれぞれきちんと定義されているわけではなく，アナロジーや実例を通して記述されたりしている）。そこにはある種の遊び play の要素が含まれる，と言うことが出来るだろう。例えば，変形はフォームを変えることだが，それでは中身は変わらないのかと言えば，ボラスは変わるというだろうし，それならどこまでがフォームでどこからが中身なのか，などと考え出すと全然分からなくなる。しかし，ボラス自身はそのような理論的整合性を重視しない。彼にとっては，整合性より，むしろその理論がどれだけ喚起的なのかが問題なのである。

　ボラスは，いくつかの戯曲を書いているが，彼自身が大変演劇的な人であり，精神分析にも演劇的な要素が含まれると考えている。彼は，治療者はひたすら鏡のように黙って患者を映し返すのではなく，セラピーに積極的に参与すべきであると主張している。演劇を英語ではプレイ play というように，やはり遊ぶことと重なっており，パラドックスを内包しつつ，治療者と患者によってプレイされなければならない（そうかと言って，お芝居のように大立ち回りをするわけではない。たいていのプレイは静かに語り，静かに聴くことで成り立っているのである）。ボラスは小説もすで

に3冊書いているが，いずれも分析状況とそれを取り巻く世界，それは主に分析家の生きている現実の世界である）のコミカルな様相が描写されている。彼の考えでは，生きること自体が見方によってはコミカルなものなのだが，それが典型的にあらわされたものとして分析状況がある，というのが彼の見解であると見ることが出来るだろう。

第2部　早期発達と自己の病理

4 早期発達の理論

早期の発達と，それ以降の発達

　英国独立学派の対象関係論で展開したのは，早期発達過程の理解と，そこで何か問題が起こったとき（問題を起こすのは環境なので，環境不全あるいは環境欠損ということになる）どのような影響があらわれるかということであった。これはフロイトの本能の精神性的発達段階論とは大きく異なる。英国独立学派が注目したのは，情緒の成熟過程の maturational process 理論である。しかし，早期発達はそんなに明確なことではなく，また，分かりやすいことでもない。当事者の赤ん坊は，早期発達でこんな経験をしたと言ってはくれないし，そこで起こっていることは余りにも当然のことなので，なかなか示しにくいということもあるからである。

　ここではウィニコットの早期発達の理論を中心に述べていきたいが，彼は早期発達について，何回も繰り返し述べている。ここでは彼の講義録を基にした『人間の本性 Human Nature』における記述を中心にまとめていきたい。（ウィニコットが実際にどのように講義したのかを知ることが出来ないのはとても残念であるが，伝え聞くところによると，出席した人たち全員にとって大変喚起的な講義だったらしい。）

　それでは早期発達とはどの時期のことか？　ウィニコットは，生まれたばかりの赤ん坊は，未だ母親と分化しておらず，どこまでが自分で，どこからが母親なのか分からない状態にある，と述べている。これは全く何もないタブラ・ラサ（白紙状態）とは異なる。早期発達とは，そういう赤ん坊が，存在することの連続性を経験出来るようになり，母親とは別の存在

となり，限界膜が出来て，一つのユニットとして確立するまでのことである。

一つのユニットとして確立するまでの時期は，環境の影響を最も強く受けやすい時期である。彼が言っている環境の中で最も重要なものは，もちろん母親であるが，それ以外の環境要因が関与しないわけではない。一方で，存在することの連続性を脅かすものが侵襲となる。であるからこそ，「抱えること」が重要であり，しかし，抱えられている方はそれを当然のこととして，そのことに気づかない，ということが起こり得る。また，だからこそスキゾイドや偽りの自己が問題となるのである（しかも，本人はそのことに気づいていないことの方が多い）。しかし，同時に，成長のためにはある程度の侵襲は必要であり，であるからこそ「ほど良い good enough」環境や「ほど良い」母親という考えが生まれるのである。

環境において重要なのは，一貫性があり，安定性のある環境を提供することである。ある程度の侵襲は，それに対応することが発達を促すものなので，常に一貫性や安定性が求められるというわけではない。環境の側の柔軟性や適応力は発達に必要なものであるが，問題となるのは，環境が全く一貫性を持っていない時や，環境がじらすような関係である時だということをウィニコットは指摘している。

早期発達の課題

それでは早期発達では何がなされるのだろうか？　ウィニコットは，早期発達の課題として，以下の三点を挙げている。それは，①外的現実との関係の確立，これは自分 ME と自分でないもの NOT-ME の区別がなされることと言い換えることが出来る。②未分化な状態から，一つのユニットとしての自己に統合されること，ここで限界膜が生じる。③精神が身体に住まうこと dwell in である。ウィニコットの基本的な考えとして，これらはいずれも自然に起こるのではなく，達成されることである。また，これら三つの要素はいずれも重要であり，どれかが他より優先する，ということはない。

一方，早期発達は三段階に分けることが出来る。それは，①抱えること

―統合 holding-integration の段階，②扱うこと（あやすこと）―人格化 handling-personalization の段階，③対象と関係すること object-relating の段階，である。これらは赤ん坊の主観による体験なのだが，この段階に到達すると自分でない対象（客観的対象）が存在すること，すなわち対象が攻撃性を生き延びていることになり，対象が使用されることになる。

このように早期発達の段階で起こっていることは，とても単純なことである。あまりにも当たり前のことなので，かえって分かり難いかもしれない。それで，このことに関して，ウィニコットが用いている図を参照することによって理解を深めたい（図1, 2, 3）。

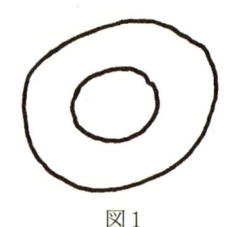

図1

［図1］一番最初に起こるのは，自分が一つの閉じた輪となり，その結果，内部と外部が出来ることである。しかし，この輪は，非常に脆弱なものであるし，内部がどうなっているのか，外部に何があるのか，などといったことは分からない。ただ，内部と外部が区切られるだけである。

図2

［図2］次に，環境が自分を抱えていることが認識される。通常何もなければ，環境は赤ん坊を抱えていて，平穏な状態が続く。しかし，平穏な状態がいつまでも続くとは限らない。

図3

　[図3] 様々な外力が働くことで，環境は赤ん坊を抱えることが出来ず，外力が赤ん坊にまで及ぶことがある。それが侵襲と呼ばれる。環境は，抱える能力が大きい場合も，小さい場合もある。それに従って，赤ん坊に及ぶ侵襲も異なってくることが考えられる。ただ，侵襲は，大きすぎる場合には赤ん坊を破綻へと追いやるとしても，適度の侵襲は，それに対応するためのメカニズムを発達させることにつながり，むしろ成熟過程に役立つ，と考えて良い。

　ここまでの図式は非常に単純であるが，漸く，一つのユニットとしての赤ん坊が確立し，外界とのやり取りも行うようになり，内的世界も分化するようになる。

　ところで，人格化とは，健康な場合に達成されるものであり，母親がコンスタントに赤ん坊の身体と精神を会いまみえさせることを通して創り出されるものである。そのためには，赤ん坊はほどよい母親に，全面的に依存していることが前提となる。母親の役割に関しては，後述する「鏡としての母親」も無視することは出来ない。いずれにせよ，赤ん坊にこの感覚があれば，外的現実や，両親の期待に合わせることが出来るのである。この段階を，「私である（私は存在する）I AM」段階と言い換えることも出来る。一方，侵襲とその結果に関してはどうだろうか。早期発達において乳幼児の対応能力以上に，環境の失敗が起こった場合に起こる発達の障害を彼は侵襲と捉えるが，これらは併存して生じる可能性がある。要点は，環境の側の問題によるものである，ということにあり（『精神分析的設定の中での自我の退行』），障害とは失敗状況の凍結が起こっているということになる。具体的な結果として，ウィニコットが挙げているのは，四点である。それらは，①心の機能の過活動によって，心と精神−身体の対立が生じ，早熟さのあらわれとして「過度に思考すること」が起こること，②

「心のない without mind」状態，すなわち想像力がなくなること，③「精神のない without psyche」自己，すなわち間抜け stupidity になること，④「偽りの自己」の成立，である。これらは併発することもあるし，別個に起こることもあるのだが，注意すべきことは，環境の失敗の結果として起こること全てが「偽りの自己」というわけではない，ということである。この中で私たちにもっとも馴染みが深いのは偽りの自己であるが，この偽りの自己は，大変幅広い概念である。それには，適応的なものから病理的なものまで，様々なレベルのものがあることは周知のことであろうが，余りにも広義であるとともに，使いやすい概念であるために，しばしば誤用されることもある[注16]ここでは早期発達の病理を整理することを試みたい。

それでは私たちが錯覚をするようになるのは何時からなのだろうか？ ウィニコットは，錯覚は発達のかなり早期から起こっている（そして，錯覚はずっと繰り返され続ける）と考えている。すでに最初の段階で自分が母親なのか，母親が自分なのか区別がつけられないことに錯覚の萌芽と見ることが出来るだろう。それに続いて乳房は重要な錯覚の対象となる（図4）。

心は，精神と身体の機能を想像力で補うものとして生まれる。心には様々なものが含まれるであろうが，主には知的能力としてあらわれる，と考えられている。こうした防衛としての心については，次の章でくわしく検討したい。

注16）偽りの自己の組織化の分類
　1．極端な場合：偽りの自己がリアルなものとなり，周囲もそれがリアルな人格であると見なす。しかし，肝心なところで破綻が現れる。本当の自己は隠されている。
　2．それほど極端でない場合：偽りの自己が本当の自己を防衛する。本当の自己は潜在能力として認められ，秘密の生活を認められる。この場合，症状は意味があることになる。
　3．より健康な場合：偽りの自己は，本当の自己が自分を現わせる条件を探し出すことを主要な目標とするが，それが出来ない場合には，新たな防衛が組織化されることになり，本当の自己に対する疑いが生じ，時には自殺に至ることがある。（自殺は完全な自己破壊であるが，同時に本当の自己を守ろうという目的もある。）
　4．さらに健康な場合：偽りの自己は，同一化の基盤の上に築かれる。
　5．健康な場合：偽りの自己は礼儀正しい社交的な態度となり，「思っていることをあけすけに言う」ことや，万能的であることは差し控えられる。そうすることで，本当の自己のみでは達成できなかった社会的地位を獲得することが出来る。

4　早期発達の理論　**53**

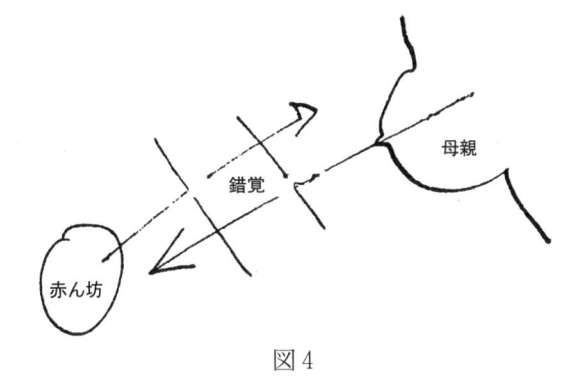

図4

鏡をめぐって

　繰り返しになるが，早期発達に関する理論は，非常に早期の，プリミティヴなことを扱っているので，分かり難い面がある（ウィニコット自身『人間の本性』では，理解を容易にするために，早期発達を扱う以前に，より後期の発達で何が起こるかを論じている）。ここで鏡に関する議論を導入するのは，その早期発達の理解を多少なりとも，深めるためである。

　鏡は，私たちの連想を掻き立てるものである。例えば，「鏡よ，鏡，世界で一番美しいものは誰？」という白雪姫の継母の台詞や，鏡ではないが泉に映った自分に見入るナルキッソスの連想から自己愛に関連した連想が浮かんでくる。あるいは，鏡を巧妙に画面に取り入れたベラスケス Velázquez, D. の「ラス・メニーナス」[注17]と，その絵に関するミシェル・フーコー Foucault, M. の，見ることと権力，社会システムに関する論考なども連想される。しかし，ここでは早期発達と鏡のテーマを中心に述べていきたい。

　私たちは，鏡で何を見るのか？　このテーマについて，ウィニコットは『子どもの発達における母親と家族の鏡としての役割（1967）』という論文の中で，論じている。彼は，ラカン Lacan, J. の鏡像段階の理論から影響

注17）ベラスケスはバロック時代を代表するスペインの画家。「ラス・メニーナス（宮廷の官女たち）」はその代表作の一つで，一枚の画面に官女たちの他に，国王夫妻，王女，画家自身が描き込まれているが，鏡を用いた構図が特徴的であると指摘されている。構造主義者のフーコーの代表作の一つである『言葉と物』はこの絵の分析から始まっている。

を受けたことを否定していない。また，フランシス・ベーコン Francis Bacon（1909-1992）の一連の絵画からの影響も否認しない。ベーコンは，エリザベス朝の哲学者と同姓同名だが，それとは別の 20 世紀のイギリスを代表する画家である。彼は多くの場合は人物像であるが，具象的な，歪んだイメージを描いたことで有名である。ベーコンの絵については，後で論じるが，この論文の中で，ウィニコットは，ラカンの鏡像段階の理論[注18]から，自分の考えを展開していく。鏡を見てそこに自分を発見することは，ラカンにとっては自己疎外の始まりであるが，ウィニコットにすると，赤ん坊にとっての最初の鏡は母親の顔である。赤ん坊が母親の顔に眼差しを向けると，普通の母親は，自然に反応を返す。母親は赤ん坊を見ているので，母親の顔が鏡なのである。その際，母親の顔が赤ん坊の顔に似ているかどうかなどは余り問題にならないのであろう。鏡として機能する母親の顔は，移行対象であると言うことも出来るだろう。赤ん坊は，自分自身を母親の反応のうちに発見する（それと同時に，母親の顔という媒質 medium の中に，母親自身の感情のフォームを見出すのである）。このように，赤ん坊は母親の顔に自分を見るのだが，普通のほど良い母親の場合，子どもに反応を返すことがいつも上手く出来るわけではないので，やがて赤ん坊の成長と共に，知覚が統覚に置き換わり，母親の顔は普通の鏡に置き換わる，とウィニコットは主張する。これは通常の場合であるが，しかし，実際には，母親は様々な失敗をするものであり，子どもは失敗が引き起こす出来事に対応していかなければならないことになる。それがあまりにも酷い場合には，防衛として，偽りの自己障害や，その他の様々な病理を引き起こす，と彼は指摘する（上記の論文の中で，ウィニコットは，鏡に何も映っていなかったなら，それほど悲惨なことはないだろう，と述べている）。

注 18）ラカンもウィニコット同様，鏡像段階以前には，赤ん坊にとって，母親と自分の身体との差異はないと主張する。鏡像段階で，子どもは自分の動きから，鏡の中の自分の像を自分と思うのだが，これは誤認であり，しかも，「そう，それがお前だよ」という他者の目を通して自分を見，「これが私だ」と思うことになるところに，人間は先ず他者として自分を生き，自分を体験することになる。更に，子どもは他の子どもを見，模倣し，そのスペクタクルの中で，他者を引き付け，気を惹こうとする。つまり，子どもは自ら，自分を社会的に位置づけようとする。このように，人は，自らを差し出すことに決めた自分の像のうちに疎外されるのだが，その疎外については無知なのである。

しかし，鏡が歪んでいるとしたら，赤ん坊はそこに何を見るのだろうか？

ここで言う歪んだ鏡とは，鏡は実際には微妙に歪んでいる，ということや，鏡が真実を本当に反映しているかどうかは不明である，ということではない。ここで鏡が歪んでいるとしたら，と言うのは，赤ん坊をあやしているときの母親の表情はどうか，ということである。たいていの母親は，泣いている赤ん坊を笑わせようと思って，顔を思い切り歪めて，「バア」と言ったり，「ワッ」と驚かしたりする。それに呼応して赤ん坊も喜び，自分が何で泣いていたのかを忘れたりする。母親の顔が，平板で何の情緒もない顔だったら，赤ん坊はむしろさらに激しく泣き出すのではないか？

ウィニコットが，フランシス・ベーコンの絵にある歪められた人物像からは，「見て欲しい」という願望が伝わってくると語っていることの背景には，赤ん坊と母親の顔の関係に関する，このような認識があるように思われる。赤ん坊は母親と同じように顔を歪める。それは母親に見られようとするためなのだろうが，ウィニコットは，見られようとする being seen ことが創造性の基盤にある，と述べている。ボラスの概念を用いるならば，見ることを通して変形がなされるということになるだろう。また，この視点に立つならば，治療とは，患者が持ってくるものを，長期間患者に投げ返していくことであり，そこに見られる筈のものを反映する顔の複雑な派生物であるとも言える，とウィニコットは主張する。

ベーコンの絵は，いずれも具象的であるが，その人物像は大きく歪められており，また，内臓とおぼしきものが露出していたり，身体の特定の部位が強調されていたりして，大変インパクトが強いものである。それらは暴力的であると言われることも，エロティックと言われることもあり，見る人は嫌悪感を抱くか，魅入ってしまうか，好き嫌いがはっきりと分かれる絵だと言われている。しかし，ベーコンが好い加減に絵を描いたり，直観的に描写しようとしたりした画家ではなく，大変自覚的な創作家であったことは事実であり，西欧絵画の伝統に則っている。そして創造性に関しては，彼は，絵画は突然啓示が降りて来て描けるものであり，それまではひたすら待たなければならない，と主張している。

例えば，彼の代表作の一つであり，彼が名を知られるきっかけにもなった1946年の『ペインティング』を見てみよう（写真1）。画面の上部から

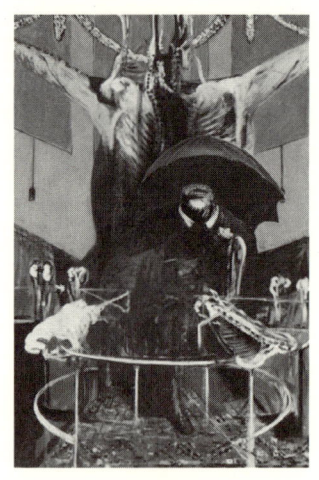

写真1

は何か肉片のようなものがぶら下がっており，屠殺場を連想させる。画面の中央には，こうもり傘を差した男の像があるが，顔の上半分は暗くて，あるのかどうかも分からない。男の身体は激しくデフォルメされており，その周辺にも肉片が散らかっている。男の周囲には何かサークルのようなものが描かれているが，これがこの絵画にあっては，どのような意味があるのかは分からないが，ベーコンの絵にしばしば登場するものである[注19]。背景は赤色系の色彩で塗られており，何か禍々しい印象を与える。しかし，この絵が暴力的だと言われることに彼は異議を唱えていて，これよりもっと暴力的なものはいくらでもあると主張する。この絵の創作について，彼は次のように語っている。彼は当初，風景を描こうと考えていて，野原に鳥が飛んでいる絵にしようと思って，そのためにキャンバスに目印をたくさんつけていたところ，突然キャンバスの上に現在あるような形が現れて来て，それを描けといってきかなかった，それは偶然であるとともに全く明白なものだったと語っている。ベーコンは絵画とイラストレーションを区別しており，「イラストレーションはただ現実をなぞれば描くことが出来るもので，自分にとっては価値は余りない。一方で，絵画は描こうと思っ

注19）ドゥルーズはその著書の中で，サークルは舞台であり，まわりから隔絶する意味あいがある，これは現代人の孤立を描いたものである，という。

ても描けるわけではない。突然，天啓のように画面の中に現れて来るが，何が出て来るかは出て来るまで分からない」，と語っている。ベーコンは，それは無意識の偶然のようなものだと，精神分析的な解釈に陥ることに慎重な姿勢を見せながら語っている（彼はフロイトの本を何冊か読み，精神分析には関心はある，と語っている）。

　ベーコンはホモセクシュアルだったし，若いころから放蕩と無頼を尽くして，何をすれば良いのか分からずに青春時代を送ったと語っているが，20歳過ぎにデザインをするようになってから，絵画に目覚め，画家になった人である。彼は，親との軋轢もあって，家庭的に恵まれなかったようであり，このような暴力的な絵を描くのも自然なことのように思える。しかし，彼は自分の絵は別に暴力的ではない。むしろ現実の方がはるかに暴力的だ，と語っている。

　彼はたくさんの自画像を描いているが，その理由を，自分のモデルになってくれる人が居なかったので，自分を描くしかなかったと述べているが，それは本当とは思えない。また，ウィニコットの論文には，ベーコンの絵にガラス板が嵌められているのは，そこに観衆の顔が反射して映ることを目指したためである，とベーコン自身が述べていると書いてある（そのように展覧会の図録に書いてあったとのことである）が，後のインタヴューでは，彼はそのことを全面否定しており，ベーコンの本音は一体何なのか良く分からないところがある。そもそも描かれているのはベーコンの顔であり，そこに私の顔が反射で映ったとして，どういうことが起こるのだろうか？　私たちもベーコンも同じ，ということになるのだろうか？　たくさんある彼の自画像はのうちから，典型的なものを一枚見てみたい。

　この自画像（写真2）は，ピカソなどのキュビズムの画家でも書きそうなものであり，そんなに大きく歪められたものとは思えない。しかし，ピカソにあるような明るさ，大らかさは感じられず，何か，所属から外されたような，つながりを断ちきられたような，寒々とした印象を与える。現代社会における個人の疎外感，孤独感をヒシヒシと感じさせる絵である。ベーコンは，人物像を歪める理由を，そうすることでよりその人らしくなるからであり，本人に似せたいので歪める，と語っている。ここに掲げたベーコンの絵から，私たちは，「どうしても見て欲しい」という強い願望

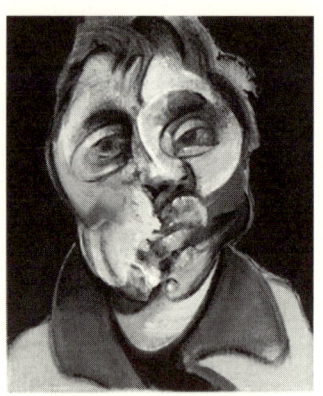

写真2

を感じるだろうか？　確かに，そういう見方も出来るだろう。ベーコンの絵は私たちに強いインパクトを与えるが，一体これは何を描写しようとしているのだろうか，どうしてこんなに歪められているのか，と考えることから，ベーコンの絵は始まるからである。

　ベーコンの絵に対しては，好き嫌いがはっきりと分かれる（好きで仕方がない，という人は余りいないだろうが，印象的と思う人は多いだろう。）ものであり，どうしても受け付けない人には，嫌悪感しか起こさない絵なのだが，見るものを巻き込み，様々な連想に誘うという点で，これが媒質となる創造的な芸術であることは間違いない。この絵を通して，私たちは自分の存在していることを感じ，リアルであることを感じることが出来るだろう。ここにベーコンの創造性が現れていると思う。

　私たちは本当に幼い頃から，鏡に慣れ親しんでいる。しかし，鏡は私たちの姿をそのまま映し返す平面なのではない。全ての鏡は言うなれば歪んでいるのであり，私たちは自分を見るために，鏡の前で立ち止まらざるを得ない。だが，うっかりすると，そのままこれが自分の姿なのだと思い込んで，その前を通り過ぎてしまうことがある。だが，本当にこれは私なのだろうか？　ベーコンの歪められた人物像は，そのことを端的に問いかけているものであると思う。

5　心とは何か

心は存在するのか？

　こんなことを言いだすと，皆さんは，私がどうかしたのではないかと思われるかもしれない。実際，日本語では，心と精神とを区別するにしても，何が心で，何が精神なのかを的確に表現するのは難しい。しかし，英語では心は mind であり，精神は psyche となり，その区別は明確である。また，魂 spirit は全く別の言葉になる。そして精神を補うのは，心の重要な役割である。英国独立学派では，早期発達における侵襲の結果として心が生まれ，その心は私たちを防衛するのだが，ときには背くことがある，と主張している。ここでは，心とは一体何かについて検討してみたい。

　ウィニコットは，『心とその精神―身体との関係（1949）』で，このテーマを扱っているが，そもそもこの論文は，ジョーンズの問い，「私は心が一つの統一体として現実に存在しているものとは考えないのである」すなわち，心はそれ自身として存在するのか，に対するウィニコットなりの答えを検討する中から生まれたものである。健康な発達では，精神 psyche，身体 soma，心 mind は調和を保ちながら発達する。「最初に存在するのは身体であり，次に精神が，健康であれば徐々に身体に根を下ろす。やがて第三の現象が現れるが，それが心や知性と呼ばれるものである」と彼は述べる。そして，心の代表的な機能は，思考することや知性であるが，これらは母親の必要な失敗の結果として生まれる，とウィニコットは語っている。元々のフロイトの考えでは，全ては肉体 body から始まるのであり，その原初の精神的な表現が本能 instinct である。一方，ウィニコットの

考えでは，精神と身体は別個に生まれるものであるが，当初は統合されていない。精神と身体は相互関係を持ちながら発達していくが，精神が身体に根を下ろすのは，一つの達成である。その背景には子どもの思いやりの能力 capacity for concern の発達があるが，ウィニコットは，クラインの抑うつポジションの概念は正しいと考えたものの，必ずしも抑うつ depression と関連しないので，その名称は不適切と考えて，思いやりの段階 stage for concern という言葉を用いている。彼は，この段階で最も重要なのは，対象への気遣い，思いやりが発達することと考えており，子どもが慈悲のない破壊性を振るうこと（そのときに，対象はその攻撃性を「生き残る」必要がある。）から対象に対する思いやりを持てるようになることは，一つの達成と考えている。

心の起源の一つは，存在することの連続性への脅威と関わりがあり，また，自己の核心部における完全な環境を求める個体のニードと関わっている。そして，母親の側のある種の失敗，特に移り気な振る舞いは，子どもに心的に機能することの過剰な活動を引き起こす，とウィニコットは主張している[注20]。ウィニコットは，心－精神 mind-psyche という概念を提唱したが，これはその後，心がある種の対象となって統合されなくなってしまうことに着目して，心という対象 mind-object として敷衍されている[注21]。問題なのは，心が対象となってしまうことによって，本来は防衛が目的であるにもかかわらず，自分自身に背く場合が出て来る，というこ

注20) この点に関して，ウィニコットとビオンの違いを明らかにすることが出来る。フロイトは『精神機能の二原理に関する定式化（1910）』において，快原理と現実原理について述べている。フロイトは，乳房の不在に対する，乳幼児による幻覚的な満足が，思考の前駆となって，現実原理の認識が生まれると考えた。このことに関して，ウィニコットは，母親の側の必要な失敗の結果，外的現実に対応するために，心の機能は生まれる，と主張している。すなわち，出発点には環境の側の失敗があり，その際に母親の側の，乳幼児に対する感受性が重要ということになる。乳幼児は白紙の状態で生まれているのであり，ここで生まれる心の機能は防衛的なものとなる。それに対して，ビオンは，乳房の不在はいつでも起こり得ることであるが，そういった乳房の不在に対して，乳幼児の側が耐えられるかどうかが問題となる，と述べている。すなわち，乳幼児の側の本来の欲求不満耐性が重要である，と言うことである。不在の対象は，思考すること thinking を生むのだが，これは心の重要な機能である，とビオンは主張している。

注21) Corrigan と Gordon は，『心という対象』を編集して，その概念を整理することを試みているが，実際のところ，様々な考えが入り混じってしまい，その試みが成功しているとは言い難い。

とである。

　この概念は、独立学派の理論としては重要であるにもかかわらず、わが国ではこれまで余り論じられることがなかったように思われる。それでは実際にどのようなことが起こっているのかをコルタートとボラスの論文を参照して描写してみたい。

コルタート[注22)]の「哲学者とその心」

　『心という対象（1995）』に初出の論文、「哲学者とその心」に提示された症例である。

　患者は他の分析家（彼は9年間分析を受けており、その分析家から反対されたにもかかわらず、その治療を中断した。）から紹介されてコルタートのもとを受診したが、最初から大変奇妙な印象を与えた43歳の哲学教師だった。コルタートは、彼が余りに風変りなので、通常はないことなのだが、セッション毎にメモを取ることにした。また、コルタートは何故か彼のことが好きになれなかった（しかし、コルタートにとって意外だったことに、彼は女性にはたいへん良くもてた）。彼の主訴は不眠だった。彼は以前の分析では転移は全く展開しなかったと主張していた。コルタートとの分析を開始するようになってから、患者は様々な無理な要求を治療者に求めてきた。コルタートは患者とのゲームに巻き込まれないように注意を払って対応していった。

　患者の父親は天才たろうとして挫折した経歴の持ち主であり、自分が果せなかった夢を実現する期待を成績が優秀だった患者に向けていた。患者の母親は、夫のその期待を実現することに協力を惜しまなかった。患者は、幼い頃は天才と思われており、自分の才能に万能感を抱いていたが、両親とは葛藤的で、自分が両親に愛されているとしても、それは自分が優秀だからだと信じていた（彼は自分がそれなりに優秀であることは自覚していたが、天才ではないことを認識しており、学業成績もトップクラスだった

注22) コルタートは英国独立学派の分析家で、長らくTavistock Clinicの外来部門の責任者を務めた。幼年時代に両親を列車事故で失ったことが、彼女の生涯に大きな影響を与えており、宗教と精神分析、精神分析の本質とは何か、などといったテーマの仕事が多い。『ベツレヘムに身を屈めつつ歩むこと』は代表的な論文として、有名である。

が，図抜けて優秀ではなかったことを語った）。自分がもしバカだったら，両親が愛してくれたはずはない，というのが彼の確信であった。彼は，自分は優秀な子どもを演じなければならず，自意識の過剰が偽りの自己を生み出していると理解していた。しかし，どうせ自分は認められる筈がない，ということも確信していた。子ども時代よりずっとそういう風に心が機能していたので，患者は二進も三進も行かない状態に置かれていた。患者は，「ある対象を見る自分が居る限りにおいて，その対象は存在する」といった内容のバークリー Berkeley, G.[注23]の詩を愛好していた。早期の子ども時代において，見られること，崇められることは彼にとって非常に重要なことであったのだが，彼は大人になってからも，自分の心の傍観者 watcher となり，その結果，リアルな自己の感覚を感じることが出来ず，本当の自己に触れることは困難な状況であった。彼の心にはそこから逃れることが出来ないほどに分裂が確立してしまった，と考えられた。彼が演じなければならなかったことは，「生きること」であった。しかし，彼はどのようにすればそのように演じ続けることが出来るのかが分からなくなりつつあった。（それを自分の触れたものが全て金になってしまうミダス王[注24]の立場に擬えることが出来るかもしれない。）患者は実際かなり優秀な人物だったが，彼が，自分は万人が認めるほどの天才ではないと自分自身で感じていることが，不幸の根源にあったことが明らかになった（フロイトによる『成功したときに破滅する人』を髣髴とさせるところがある）。いずれにしても，彼は，彼そのものとしては，自分は親から愛されていないことを常に感じていた。

　コルタートとの分析が始まって，何年か経ってからも，患者の不眠は大きな問題だった。その理由には様々なことが考えられたが，やがて眠ることによってコントロールを失う不安と結びついている部分が大きいことが明らかになり，彼がどうにかして毎日の生活をコントロールしようとして

注23）17-18世紀イギリスの哲学者，経験主義，主観的観念論の代表者で，「存在するとは知覚されることである」と主張した。ウィニコットの『人間の本性』にも，この詩が早期発達の一つの段階を示すものとして引用されている。

注24）ミダス王：ギリシャ神話に登場するプリュギアの王で，ディオニソスの父親を歓待した褒美に，触れたものすべてを金に変える力をもらい，最初は得意だったが，食べ物も水も全て金に変わってしまうことから，自分の過ちに気づき，その後ディオニソスの力を借りて，その能力を解除してもらい，その後田舎に隠遁した。

たいへん苦労していることを発見した。しかし，そこから解放されるためには，自殺しかないのでないかとも患者は考えていた。（実際これまでも，患者には度々自殺企図があったが，それは死ぬことによって演じることや様々な束縛から解放されることを望んでいたからだった。）睡眠は死と違い，母親と融合することを表象しており，自分を失うことにつながった。しかし，そのことを転移関係として扱うことは，患者にとって，コルタートに「食べられてしまう」ことにつながり，患者はそのことをとても不安に感じているので，転移関係としては扱えないことが明らかになった。

そうした治療関係を続けていくうちに，患者は不眠を捨てられないのではなく，むしろ不眠を嗜癖していることが明らかになった。実際，不眠にはそれ以外にも非常に多くの意味があり，一つの意味を理解しても別の意味が出て来る，という風で，その意味を完全に理解することは不可能に思えたが，実際に様々な不眠の意味を理解していく作業を続けていく中で，不眠を完全に解消することは出来なかったものの，患者が以前より眠りやすくなったことは歴然としていた。しかし，それが治療の成果であることを患者が認めることは出来なかった（それを認めることは，自分がコルタートに依存していることを認めることになり，到底患者が認めることが出来ることではなかった，ということである）。患者にとって自分の治療者となり得るのは，あくまで自分自身だったのである。やがて，徐々に死のテーマが中心的に語られるようになった。治療は結局 6 年間続き，患者は分析によりかなり改善し，自分の本当の自己に触れる時間も増えた。患者はそのことを不承不承認めた。やがて患者の希望に従って治療は中断（終結）したのだが，そして実際に，症状が良くなっているので，治療を止めることを表だって反対する理由はなかったものの，コルタートはこの患者の治療を止めることに強い不安と不全感を感じた。コルタートは，その後数年して，患者が自殺したという報告を聞いた。

この例は，心が組織化されて独自に機能するようになり，場合によっては自殺まで引き起こす可能性があることを示している。この患者の心が作り上げた幻想を，「自己愛的幻想」と呼ぶことは可能であるが，その幻想は，患者の生活すべてを縛ってしまっているのであり，患者は治療の中でようやく少しは本当の自己に触れることが出来るようになっているものの，

それは部分的なものに過ぎなかった。患者にとって，心が作り上げた世界は強固なものであり，それに対抗することは所詮無駄な努力に映ったかもしれない。その結果として，患者は，真の解放を求めて自殺した，と見ることが出来るだろう。この患者の場合，心が（あるいは偽りの自己と言い換えても良いが）行ったのは破壊活動ではなく，真に解放されて生きるためには死ぬしかなかった，と言うことなのである。こうした患者の心の有様は，クライン派のローゼンフェルド Rosenfeld, H. やシュタイナー Steiner, J. がいう自己愛構造体，あるいは病理的組織化と基本的に同一のものと考えられる。その点については，この章の最後で検討したい。

ボラスの「心の干渉」

『精神分析という経験―事物のミステリー』所収の症例である。この症例は，うつ病の病態と治療に関して（近年喧伝されている新型うつ病や非定型うつ病を含めて），新たな理解を拓いていくものでもあると思われるので，少し詳しく述べたい。

患者のヘルムートは30代の男性だが，抑うつを主訴としていた。彼は，自分はどうすべきかと延々と考えて一日を無駄に過ごしてしまうのだったが，どうすべきかと考えるだけで消耗してしまい，実際には動くことは出来ず，実質的なことは何も出来ないでいた。彼が何かをすることを考えると，心の中で直ちにそれを否定する考えがうかび上がるので，心の中で戦いをしているようなものだったが，それだけで疲れ切ってしまっていた。彼は一日のほとんどをベッドの上で過ごしていたものの，睡眠は不十分にしか取れなかった。ボラスは，家族医からの紹介で，依頼されて，ヘルムートのセラピーを開始した。彼は，これまでも何回か入院治療を受けたことがあったが，いずれも一時的な効果しかなかった。

その結果，ヘルムートは精神療法に期待を持っていなかったが，ボラスは彼がセラピーに対して抱いている不全感に同意し，ユーモアを利用しつつ，ともかく6ヶ月間会い続けてみることを提案した。ヘルムートは，家族医と約束したから，という理由でその提案を受け入れた。その後の6ヶ月の間，ボラスは，ヘルムートに対し，いつもあれこれと命令をする心が

居るのだから大変だろうと共感的に接していった。そうすると，患者は，自分の中に，自分の思い通りにならない心が存在することに少しずつ気づくようになっていった。ボラスは患者に何か行動を起こすことは求めなかったが，患者がセッションを休むことに対しては，セッションに来なければ何も起こらないので，来ることを求めた。また何もしなくても良いから職場（患者は父親の経営する会社で働いていた）に行くだけ行ってみることを求めた。すると，患者のそんなことをしてもどうせ無駄だろうという予測に反して，継続してセラピーに来ることが出来，また，本人自身が驚いたことに，職場に行ってみると少しずつ仕事をしている自分に気づいた。それに触発されて患者は，色々と新しいことを始め出した。それらのうちには実質的でないことも多く含まれていたが，そうしていくうちに，患者の心の中には軍隊的な号令が充満していて，彼自身はその命令に対して戦っているのだが，そうした抵抗は受身的なものであることが明らかになった。また，ヘルムートがベッドで一日中寝ているのは，受身的ではあるものの，ある種の抵抗であることも明らかになってきた。心のそのような命令的な部分に対する作業が行われ，ヘルムート自身がその心の部分に不承不承従っているだけであることが明らかになり，心と自己が戦っていることが明らかになった。

　そうしているうちに，彼の内的な世界は整理が進み，彼が幼い頃に病死したと言われていた母親との関係（母親の死の真実はヘルムートには隠されていた）が決定的な役割を果たしていることが浮かび上がってきた。母親の死については，皆が口を閉ざしており，ヘルムートも母親は病死したと信じていたので，そのことを探索することは意味がないと思っていた。しかし，治療者の疑問に引っ張られる形で，ヘルムート自身も母親の死に疑問を抱くようになり，たまたま夏休みに家族皆が出かけていて，自分が一人ぼっちになったことを経験したことに喚起されて，父親を問い詰めてそれが自殺だったことを知った。母親の死に対して父親が罪悪感を持ち，ヘルムートと亡くなった母親を結び付けてしまったために，ヘルムート自身がそういうことを考えたことはなかったのにも関わらず，彼が自殺するのではないかと決めつけていたことが分かった。このような作業をボラスとの間で行うことで，ヘルムートは心の機能である思考することが役立つ

場合があることを初めて知った。それとともに、徐々にヘルムートは治療者に対して依存を深めていった。最初は治療者は演劇的な方法を用いながら、介入していく必要があったが、患者は少しずつ、静かに連想できるように変化していった。

　セラピーの最終段階は、治療者に対する依存の解消であったが、その際に、心が何か行動を起こすようにと突発的に命令することに対して（そして、どうせ何も出来ないだろうと言われることに対して）、パニックになることが繰り返されたが、こうした状況は、母親が亡くなって後、ヘルムートが子ども時代に経験してきた状況であると、治療者は伝えた。そして、ヘルムートが、自分が実は母性的な関与を求めていたことを理解することに、作業は向けられた。最終的に理解されたことは、子ども時代には、彼は軍隊的な心に従って子どもっぽい自分を抑圧することで生き延びてきたのだが、思春期になって、この「心という対象」に反抗する気持ちが芽生えて症状が引き起こされ、幼児的な状態に退行し、現実には何もしないで、ただ考えることだけを行うようになったということである。

　この症例は、うつ病と診断される患者が、しばしば心を、分裂排除した他者 the other として経験していること、そうした心が場合によっては情け容赦なく攻撃を仕掛けてくることを示している。そうした心の部分は、大人の部分に同一化しており、幼児的な部分をほとんど叱りつけるように扱うので、そこで戦いが起きてしまうのである。また、結果的に幼児的な部分を抑圧する必要があるときは適応的なのだが、やがて諦めの気持ちが強まれば、抑うつは慢性化してしまう。私たちが通常経験する一時的な抑うつの場合、私たちの依存的で幼児的な部分は、人格の成熟した部分に叱咤激励されることで、スランプをどうにか脱し、心は再び取り込まれて、全てが上手くいく。しかし、重篤な抑うつの場合には、破局的な心の喪失を体験しているので、そうはいかず、幼児的な部分は延々と攻撃に晒されるのである。現代の新型うつ病の病態は、このようなメカニズムが関与していることが想定される。こうした心の機能は、当初は生き延びるための防衛だった筈だが、生き延びることには役立つとしても、リアルに生きることの妨げになることが起こりうるのである。こうした心を対象化し、そうでない部分を治療協力者として取り込むかが、抑うつ的な患者の治療に

おいては重要であることを，ボラスは指摘している。

正常過ぎることの病理

規範病 normotic illness と呼ばれる患者たちについて，ボラスは『対象の影』の中で述べている。ボラスの着想は，以下のウィニコットの計画に由来する。ウィニコットは『遊ぶことと現実』の中で，「客観的に知覚できる現実に余りにもしっかりと錨で固定されているため，主観的世界に疎く，創造的に生きることから遠ざかっているような，正反対に端的な人たちも居ることを述べなければならない」と述べている。

このタイプの患者は，異常に正常であり，安定していて，外向的である。彼らは主観的であることがなく，異常に客観的であり，そうすることで内的生活から免れようとしている。彼らが，興味を持つのは対象の「もの thingness」的な側面である。そのようであるから，彼らが内省的になることは稀であり，結果的に気分がない moodless 状態となる。彼らには内的な空間がないので，移行対象を使用することも出来ないのだが，彼らがアイデンティティを持たないのではない。彼らは本当の意味で憂鬱になったり，不安になったりすることは出来ないのだが，それなりにはリアルな感覚を有しており，偽りの自己的でも，かのような as-if 的でも，ロボット的でもない（それ故，彼らを偽りの自己的な性格の持ち主と呼ぶのは適切ではない）。彼らはスケジュール通りに仕事をすることを好むので，しばしば仕事中毒である。これはある種のパーソナリティの障害といえるが，このタイプのパーソナリティの障害は，病理的な特徴を現わさず，健常者の軸に沿ったものであるために，これまで注目されることが少なかった，とボラスは主張する。

彼は，具体的な臨床例として，例えば，スーパーマーケットの中をさ迷う女性を挙げている。患者は，スーパーマーケットに買い物に来ているのだが，何を買ったらよいかが分かっていないので，棚から棚へとさまよい続けるのである。気が付くと，患者は一時間以上もさまよい続けていることもある。患者は何かが必要だから彷徨っているのではなく，スーパーマーケットの物質性に魅惑されているのである。彼女は自分をあくまでも「も

の」として認識し、自分を主体として認識することが出来ないのである。言い換えると、彼女は、象徴機能を有効に活用することが出来ない（ビオンが言うところの、α機能の貧困化である）。

　また別の臨床例は、深刻な手首自傷によって自殺を図った青年である。ボラスはこの患者と面談する前に、きっとこの青年は精神的に相当落ち込んでいて、絶望しているだろうと想像したにもかかわらず、実際にやってきた人物は、一見したところ、そうした行動を起こすような重症なパーソナリティ障害の持ち主には見えず、むしろ快活で身ぎれいだったのである。ただ、患者は問われた質問には答えたものの、精神的な作業に取り組むという様子は見えなかった。治療者は、彼の語ることを聞いただけでは、何が問題なのかを理解することは困難だったが、状況的には、実際には、最近転校したことで寂しい思いをし、新しい環境に戸惑っていることは明らかだった。また、患者の家族は理想的な家族に見えた。しかし、患者の家族は、全員が何も考えないことを良しと考える人たちで、規範的に生きることをモットーとしており、この患者にも何も考えないことを求めていたことが明らかになった。患者が自分の気持を家族にわかってもらうことなど、無理な話だったのである。面接が進むうちに、この患者には規範的に生きることへの無言の抵抗があることが明らかになってきたのであった。もっとも、患者は自分の感情を表現する道を見つけていなかったので、自殺企図が起こったのであった。

　ここに引用したコルタートとボラスの臨床例は、いずれも早期発達に問題を抱えた人たちであるが、このようなタイプの患者に私たちはしばしば遭遇するのではないだろうか？　非常に卑近な例になってしまうが、臨床を行っていると、冷静に考えれば明らかに自己破壊的と思われることであるのに、「自分なんかどうなっても良い」などと語って行動化する患者と出会うものである。こうした人たちは、この「心の干渉」や「自己に背く心」の概念を導入すると理解しやすいだろう。彼らは、通常、自己愛的と呼ばれることが多いと思われる。たしかに、他者との交流を積極的に望まず、自分の世界に自足的に留まろうとするところは、私たちに自己愛的という印象を与えることが多いだろう。また抑うつ的であることも多いのだ

が，その場合には，自己愛的な構えが破綻して，抑うつに陥っていることが多いように見える。実際のところ，一般に，自己愛の病理と呼ばれるもののかなりの部分がここに含まれると考えてよいのではないか？　こうした患者たちは，常識的に考えれば，このように生きた方が楽だろうと，思われる生き方が出来なくなっている。彼らは，自分の描いた幻想に従って生きることを最大の目的として生きており，そのような幻想を維持するためには，自己の身体，あるいは自己自身を破壊することも厭わなくなっている。

　今日，自己愛という概念は，余りにも曖昧で，様々なものを含むものとして，拡散して用いられている[注25]。すでに述べたように，彼らの病態は，クライン派理論で言われる自己愛構造体や病理的構造化と共通点がある。ただ，クライン派の対象関係論は，外的な現実も含めてすべてを対象関係の病理として理解しようとするものなので，この種の患者の内的対象関係が自己愛的に映るのは当然のことであり，こうした心の機能が本来防衛を主目的としていることを考えるならば，変化に抵抗し，その構造を維持しようとすることも当然のことのように思われる。それ故これらの病態を，心がどのように構成され組織化されるかという観点から検当すること，すなわち早期発達との関連で，「心の干渉」や「自己に背く心」の問題として理解することが，むしろ臨床的に有用であると思われる。

　ところで，こうした心の機能は自覚される場合もあれば，そうでない場合もある。自己に背く心とそうではない部分が鬩ぎ合っている場合もある。そういう部分を何とかしたいと思っている患者もいる一方で，他人から自分のそういう部分を指摘されて，これ見よがしの行動を起こす（ある患者は，無謀な割り込み運転をしたことを妻に注意されたことに腹を立てて，そんなに言うのならとことん安全運転してやる，と息巻いて，制限速度を10キロも下回るような安全運転を実行して顰蹙を買ったのだが，この患

注25）自己愛とは，便利だが曖昧な概念である。今日，自己愛は様々な用いられ方をしている。代表的なものとしては，リビドーの自己への撤収による自我肥大，自己中心的であること，自分自身（特にその身体性など）に捉われていること，万能的であること，共感性に乏しく他人のことを考えないこと，自己愛対象関係（対象を自己の延長と考えることだが，対象関係自体が幻想なので，多かれ少なかれそのニュアンスは生じる）などである。用いる場合は，どの概念に因るのかを明確にする必要があるだろう。

者は，その時点では，そうした行動が何の役にも立たないことを認識することが出来なかった）タイプの患者もいる。ここで，心が，どのように私たちの行動を妨げるかを，症例を通して検討してみたい。

　ある30代の独身男性患者Hは，転勤によって生まれて初めて実家を離れることになったのだが，このことはHに強い衝撃と不安を与えた。この転勤は通常のものだったにもかかわらず，Hは，まるで地の果てにでも左遷されたかのように反応した。Hは，何で自分が転勤するような目に遭わなければならないのかと煩悶し，新しい転勤先では仕事に集中できない日々が続いた。また，Hは，転勤先で，学生の下宿のような寮で生活を始め，住環境を整えることなどといった生活基盤をきちんと確立しようとはしなかった。仕事の面でも，Hは，周囲に馴染もうとしなかった。そのうえ，Hには元々強迫的な傾向があったのだが，それが強まり，書類の計算が合っているかどうか何遍も繰り返して検算しなければならないために，作業能率が極端に低下し，しばしば徹夜で過ごすことになり，最終的に出勤不能の状態に陥ったために，休職することになった。

　サイコセラピーを勧められてやってきたHは，当初あまり気が進まない様子だったが，問題の根源は実家から離れて転勤したことにあると思う，と語った。ところが話を聞いてみると，Hの実家の様子は，そこから離れることが問題となるような居心地が良い場所とは到底思えないものだった。Hが子どものころから，父親は情緒不安定でしばしば暴力的（父親は何らかの病気で治療を受けていたが，より問題なのは，この父親が実は暴力的であるばかりでなく，家族を不幸にすることを楽しんでいるような倒錯的なところが見受けられたことである）であった。しかし，当初の面接において，Hはそういう父親の行動を全く問題視せず，むしろ自分の意向に反して転勤させた会社に対する不満を語るので，治療者は唖然とした。良く聞いてみると，Hは直接暴力を振るわれることはなかったようであり，それがそういう評価につながっていることは推測されたものの，Hの兄は反抗的だったこともあってしばしば暴力を振るわれており，また，母親は，そういう子どもたちを守るこ

ともなく，あいまいな態度に終始し，むしろ父親の肩を持つこともあったので，家庭の雰囲気は楽しい団欒とはかけ離れていたようであった。治療者は，実家を離れたくないというHの考えはいささか奇妙に思えることを繰り返し伝えていた。やがてそうする中にHは，転勤に対して拒否的な反応が起こり，強迫的な確認に陥った理由を，父親の暴力から母親を守らなければならないのに，それが出来なくなることが心配で仕方なくなったからだ，と説明するようになった。しかし，治療者はその説明を聞いても，余りピンと来なかった。

このように，仕事に行けないということがHの問題の発端であったものの，治療で扱うのは親子関係のテーマへと少しずつシフトしていった。Hのこれまでの成育歴を聴いていくと，Hは実は学生時代から強迫的な傾向があり，細かいことに拘って自由に勉強が出来ず，テスト前日なのに試験範囲全部をおさらいすることが出来なかったりすることがあったことが分かった（山を掛けることは，もっとも出来ないことだった）。今回，仕事に関しては似たような状況が起こったことが考えられた。また，Hは，自分はどうせ良くならないのでないか，サラリーマンをやっていても，ほとんど評価されていないし，面白いと思えることも何もない。たとえ良くなったとしても，復職して明るい未来が開けるわけではない，などと繰り返し語り，自分の将来が先細ってついには消えてなくなるような夢想を語った。

セッションでは，家族関係のことが中心的に語られるようになった。そうすると徐々に，Hは，父親のことを激しく嫌悪していることを自覚するようになった。Hは父親がいつ爆発するか分からず，家族皆がビクビクしていた様子を想起するようになった。そういったことを，Hは当初は第三者的に話していたが，H自身が，父親の暴力やその態度によって傷つけられていることを自覚するのにはそんなに長い時間はかからなかった。そのように考えるようになってからも，母親もそういう父親に迎合しているだけであり，結局は父親の病理を温存していただけではないか，という想いが現れてくるのには時間がかかった。しかし，そんなある日，Hは急に面接室の床に倒れて手足をばたつかせた。治療者は一瞬吃驚してその光景を眺めていたが，後で考えてみると，これ

はまさに地団太を踏んでいた、ということになるのだろうと思う。

　その後、H はセッションで自分が父親によっていかに傷つけられ、本来、子どもであればそうするように生き生きと生きることが出来なかったことをほとばしるように語り出した。私は H の話すことに共感していくことを続けることが中心となった。治療者は、H の気持ちを理解することに努めつつ現実に感じたことを伝えていきながら傾聴していった。少しずつ、H は、父親の横暴に対して母親を守るのが自分の役目である、という心を発達させることで、兄のように直接父親とぶつかることもなく、これまで何とか生き延びてきたということが理解されるようになった。そのためには、H はしっかりとしなければならず、しかも情緒を持ってはならず、強迫的にならざるを得なかったのだった。H は幻想の中で、母親を守ろうとしていたのである。母親の側でも、そういう H に依存的になっていたようだった。しかし、今回転勤したことで、H を名目上支えていた母親を守るという大義名分は維持出来なくなり、どう生きたらよいのかが分からなくなったことが、強い衝撃と不安を引き起こしたと考えられた。

　セラピーの中で、そのような認識を得た H は、父親のみでなく、そういった父親とは別れる、離婚する、と言いながら、実際には何の行動も起こそうとしない母親に対しても激しい怒りを覚えるようになった。しかし、そうした怒りは、直接家族に向けられることはなく、セッションの中で表明された。その一方で、H は現実に両親を拒否するようになった。この時期の H は、実家に戻っていたので両親と同居していたが、両親を拒否して、ほとんど交流を持たないようになった。また、H は両親に対して、自分の不機嫌な気持ちをそのまま向けるようになった（実際に、暴力を振るったわけではなかった）が、興味深いのは、父親がそういう H に怯えるようになったことである。一方、H の夢は少しずつ変化していった。H は元々目標が達成できなかったり、圧迫されて押しつぶされたりするような夢を繰り返し見ていたのだが、この頃より、同じように圧迫されているものの、傍に誰かが居て、それは誰なのか分からないが、その人が自分を助けてくれるのかもしれない、と思える夢を見るようになった。また、H は、その頃より強迫的な考え方が

少しずつ減っていることを自覚するようになり，復職が可能なのではないか，と考えるようになった。治療者も，復職してみようと思うHの考えを支持した。

　そうした折，些細なやりとりをきっかけとしてHは家を飛び出して，仕事場のある町の寮に戻った（Hは長期間仕事を病休していたにも拘らず，寮の契約を解約していなかった）。Hは，これ以上両親に振り回されるのは嫌になったと語り，家族からの連絡を断った。そして，復職に向けて準備することに目を向けた。職場や産業医とのやり取りや現実の復職の準備は，Hの気持ちを家族から逸らすことに役立ち，リハビリ期間を経て，Hは職場復帰することが出来た。また，Hは，自分で（正確には，自分の心が，ということになるだろう）自分を苦しめていたこと，しかし，そのような心を持ったのは，生き延びるために必要なことだったと認識した。ただ，問題なのは，Hは復職したものの，そしてやがてきちんとノルマをこなすことが出来るようになり，強迫的な確認に陥ることもなかったものの，当初の無我夢中の時期を過ぎると，仕事が格別面白いわけでもなく，一所懸命仕事をしたところで誰からも評価されるわけでもない，それでは一体自分は何のために生きているのか，ということに直面したことであった。これまでただ機械的に生きてきたので，Hは全てをあきらめており，生きることに何の喜びも感じられないのであった。Hは，空虚感，無力感をしみじみと実感したが，そうした情緒にどのように向き合うかが，心理療法の新たな課題となった。

　この症例を，エディプスの文脈から論じることは可能だが，ここでは心による干渉の側面から，理解することを試みたい。この患者のように，生き延びるために，心が肥大する場合がある。それは防衛としては必要なことだったのだが，リアルであると実感することを阻害していたのである。圧迫しているのは外的な存在である現実の父親や母親ではなく，そういった父親や母親を取り入れた心が圧迫しているのである。離人症を主訴として受診してきた別のケースでも，心によって自発性，主体性が抑え込まれていたために患者は現実感を持つことが出来ず，まるで自分自身に幕でも

かかっているかのように経験していたが，その患者は，特定の友達にだけ，自分の感情を爆発させていた。それは暴言や，ときには激しい暴力も含んでいたが，この患者は，そうした自分が表面化することを怖れて，自分自身に幕を掛けていたことがやがて認識されるようになった。

　このように，心が存在し，それが自己に干渉したり，自己に背くことがあることを認識することは，こうしたタイプの患者を，ただ単に自己愛的である，と診断してしまうことよりも，理解を深めるものであると思う。また，治療としては，失敗状況へと立ち返って，再出発を促すこと，すなわち治療的退行を目指すことや，治療者がより現実的な存在として機能することなどが重要であると思われる。

6 スキゾイド再考

スキゾイドとは何か？

　Schizoid は，シゾイド，スキゾイド，分裂などと訳されるが，様々な異なる意味を含んだ言葉であり，分裂気質 Schizoid personality，分裂型パーソナリティ障害 schizoid personality disorder（SPD）を指す場合もあれば，力動精神医学などで，スキゾイド現象 Schizoid phenomena や分裂機制 Schizoid mechanism を指す場合もある。スキゾイドは健康な場合も，病理的な場合もあると考えられる。いずれの場合でも，分裂はあるのだが，健康なスキゾイドとは，外界に適応するために，その状況に応じて，自分を分裂させることであり，その結果である。自分を見つめる能力が損なわれないことが，健康なスキゾイドであるためには必要であろう。病理的なスキゾイドの場合，その分裂が何らかの弊害を起こしている状態であるが，必ずしも適応が悪くなるとは限らず，一般的な自我脆弱性とは何が異なるのか，ということも問題である。
　ウィニコットの本当の自己と偽りの自己の概念は，ウィニコット流のスキゾイド論である。どちらもパーソナリティの分裂が根本的なメカニズムであることは共通である。しかし，ここで本当の自己/偽りの自己という表現を用いず，スキゾイドという言葉を用いるのは，以下の理由からである。一つは，本当と偽りという言葉には，幾ばくかの価値判断が含まれるということである。私たちは本当は正しく，偽りは間違っているというニュアンスから自由になることは困難である。もう一つは，そのことと関連することであるが，本当と偽りの自己という概念では，本当の自己が優先し，

それがリアルであることと結びつく（ロマン主義を髣髴とさせる）のであるが，スキゾイドは分裂するというメカニズムを中心とした概念である，ということである。もちろん，本当と偽りという概念を用いることで，臨床的理解が深まることもあるだろうが，起こっていることの本質は分裂なのである。

ところで，精神医学では，スキゾイドを次のように考えてきた。1908年にブロイラー Eugen Bleuler は初めてこの言葉を使ったが，「内向性」と類似した概念として用いている。この傾向が強調されたパーソナリティを，彼は分裂型パーソナリティ schizoid personality と呼んだ。その後，1925年にクレッチマー Ernst Kretschmer は三つの特徴を抽出した。それは，①非社交性，奇矯さ，②過敏性，臆病，③従順さ，冷淡さである。こうした概念が DSM-IV や，ICD-10 などに取り入れられた。しかし，こうした診断基準では，類似の（回避性，依存性など）パーソナリティ障害との鑑別が困難であることも知られている。そうしたことから，スキゾイドは分かりやすい概念ではなく，臨床的有用性も疑わしいということで，近年では徐々に用いられなくなって来たのである。

しかし，スキゾイドの人たちが居なくなったわけではない。ただ，彼らがどのような人たちであるかを描写するのは難しい。その理由の一つは，彼らは自己表現することを好まず，他人と関わることで自分や他人が変化することを怖れるからである。DSM や ICD などの診断基準では，情緒的な冷たさや超然とした態度，消極的な態度，孤立した行動，一人を好み家族や親しい友人であれ接触を避けようとすること，空想や内省への没入，性生活に興味を持たないこと，他人と関わりを持っても楽しめないこと，よそよそしさ，などが挙げられている。一言でいうと，風変りな人ということになるのだが，彼らがそれでは全く他人と交流しないかと言うと，そうとは限らず，対話も成り立つし，ユーモアだって分かる人も少なくなく，遊ぶことも出来る人たちがたくさんいる。彼らの中には社交的な人たちも含まれている（しかし，情緒的な関わりは困難である）。そのようなタイプの人たちは，「秘密の secret」スキゾイドあるいは「隠された hidden」スキゾイドと呼ばれることがある。このようなことが起こるのは，スキゾイドにおける分裂が，ウィニコットの本当の自己と偽りの自己がそうであ

るように，表向きの自分と内実との間の分裂である場合も含まれるからである。

狩野力八郎は，発達論的に見ればプレエディパル心性となるものが，病理的に見ればスキゾイドとなると述べて，彼らの分かり難さは前言語的に情緒が伝達されるからである，と述べている。そして，スキゾイドの患者たちの分かり難さに関して，いくつかの特徴を挙げ，その病理がむしろ関係性の中で展開する，と述べている。狩野は，スキゾイドの臨床的特徴は，治療者の中で起こる反応を通して理解すべきである，と述べ，具体的な反応として，①患者の情緒を読み取ることの困難さ，②意味のある行動と不適応行動の区別が困難であること，③知的理解が先行することの危険性，④不安の意味を読み取ることの困難さ，⑤空虚感に共感することの困難さ，⑥罪悪感に共感することの困難さ，⑦身体症状と身体的苦痛の訴えとその意味を理解することの困難さ，⑧まとまりのある患者像を把握することの困難さ，⑨患者の示す特殊な依存に対する不快感，⑩変化しないことに対する落胆，無力感，無能力感，を挙げている。

どうして今スキゾイドを取り上げるのか？

最近の問題としては，広汎性発達障害（PDD），特にアスペルガー障害の概念が流行するようになり，スキゾイドのように一風変わった人たちは，ある種の発達障害ではないか，と判断されるようになっていることがある。つまり，スキゾイドの概念はいっそう顧みられなくなっており，安易にPDDと診断してしまうということである。多少なりともその傾向が見られると（例えば，WAISなどでプロフィールに偏りが見られると），そのように診断されることになるため，診断されるPDDの頻度は，以前考えられていたよりずっと多くなるのだが，どうしてこのようなことが起こったのだろうか？　一つは，生物学的な精神医学が隆盛になり，器質的疾患を重視する傾向が出て来たことであろう。少し変わった人たちは，変わった性格の持ち主とは見なされなくなり，PDDとして，脳の器質的異常と見なされるようになっている。彼らは簡便な質問紙を施行され，若干でもその傾向が見られると，PDDの診断がなされてしまう。たしかに，PDD

が認知されたことで、きちんとした診断が確定し、利益を受けている患者がいることも確かである。しかし、PDDがポピュラーになったことの背景には、社会文化的要因も関係していることが考えられる。冷戦終結以後、大きな物語が失われたのは現代社会の全般的傾向であるが、その中で、人間の興味はよりデータベース化され、全体のモチーフに従って理解するのではなく、個々の差異に着目するようになっていることが指摘されている（『動物化するポストモダン』）。私たちは、何かを目指して、あるいは何かの成就のために生きているというよりも、目先の満足のために生きることが多くなっていることが指摘されている。そうなると、どのようなことが私たちが生きる指針となるのだろうか？ カタログを作ることは一つの指針となり得る[注26]。現代社会では、ヒステリーのような神経症よりも、PDD的な生き方の方が適応しやすい、ということが言えるかもしれない。

現代社会においては、他の様々な原因（例えば、家族システムが弱体化し、子どもと対峙する親が居なくなったことなどだが、その背景にも様々な要因を考える必要がある）が加味されて、神経症が弱体化（神経症になるには、経験を象徴化し、それを言語化する能力が前提となるのだが、そういった患者たちが減少している）し、背後のキャラクターやパーソナリティの病理が目立つようになっている、と言えるだろう。その結果、スキゾイドの診断が妥当な、自己の脆弱性が際立つ症例が、現実には増えて来ているのだろうと考えられる。しかし、生物学的な精神医学が流行し、精神疾患には生物学的な基盤があることを前提とする現代においては、スキゾイド概念は分かり難いからと言って無視されることとなり、それらは安易にPDDと診断されてしまうのである。しかし、誰にでも器質的な部分と心理社会的な部分があるにもかかわらず、ある人をPDDと診断することは、器質的な要素こそが主要因であり、心理的な部分は重要ではない、という判断を下していることになる。さらに問題なのは、その判断の結果、心理的な治療はお手上げであり、教育的指導や社会資源の活用が行われる

注26）ゲームでも、かつてはストーリーがあってその物語を追っていくロールプレイングゲーム（代表作はドラゴンクエスト）が人気を集めていたが、近年では、ポケットモンスターやモンスターハンターのようにストーリーよりもカタログを作るゲームが主流となっている。診断基準も、何が本質であるかが問われるのではなく、何項目当てはまるかが重要なのである。

べきである，という結論に結びつくことである。しかし，最近のゲノム発現の研究から，遺伝子の活性化とその結果の形質の発現には，心理的要因が大きく関わっている，との見解が示されている。

このような時代であるからこそ，スキゾイドとは何か，とあらためてその本質を考える機会があっても良いのではないだろうか。

力動的なスキゾイド理論

ブロイラーの見解を力動精神医学に最初に導入したのはフェアベーン（1940）であった。彼は分裂現象を観察し，四つの特徴を抽出している。それは，①対人距離の維持，②防衛的に距離を保つことが出来ること，③愛着欲求と防衛的に距離を保つ欲求との間に，常に葛藤が見られること，④現実世界を犠牲にしてまで，内的世界を重視すること，である。彼のスキゾイド理論はその後，クライン派および独立学派で展開していくことになった。

クラインは当初，妄想ポジション Paranoid Position を唱えていたが，フェアベーン理論の影響を受けて，それが分裂 splitting などの機制を中心とするメカニズムであると考えて，妄想‐分裂ポジション Paranoid-Schizoid Position を唱えるようになった。クラインは分裂が引き起こされるのは破壊性，攻撃性が強いためであると考えた。こうしたクラインの考えは，その後，米国でカンバーグなどによって自我心理学と統合されて，境界性パーソナリティの理論となり，その後ガンダーソン Gunderson, J. などによって DSM のパーソナリティ障害の理論的背景となっていった。一方，死の本能を前提とするクライン派の理論は，パーソナリティ病理の理論として，メルツァー Meltzer, D. やローゼンフェルト Rosenfeld, H., シュタイナー Steiner, J. によって自己愛構造体 narcissistic organization，あるいは病理的組織化 pathological organization の理論として展開した。

一方，独立学派におけるスキゾイドの研究はフェアベーンやクラインの影響を受けて展開した。彼らは，自我などの構造よりも主観的な自己の在り方に興味を抱いていた。独立学派の分析家たちが，現実に多くのスキゾ

イド患者たちと臨床場面で接するようになったことが，その背景にあると考えるべきだろう。ここで代表的な独立学派の論客のスキゾイド理論をレヴューしてみたい。

フェアベーンは，フォーム（構造）に注目しており，システムとしてのスキゾイドを唱えている。彼は，スキゾイドにおいて，もっとも根本的なメカニズムは分裂であると考え，分裂は内的構造を作り出すものであるとともに，精神病理の原因ともなると主張した。彼の理論は，「リビドーは対象希求的である」とまとめられるものであり，「イドというものは存在しない」と述べている。彼は，環境要因，特に母親のタイプが大きな影響を及ぼすと考えているが，最初の至高の対象関係は，母親との親密さである（母親は単に栄養を与えてくれる対象ではない）。一方で，スキゾイドの防衛は，愛されていないと感じると身を引いてしまう（Love is destructive.）ことであり，鑑別診断として，「自分の愛が母親を破壊する」場合がスキゾイドであるのに対し，「自分の憎しみが母親を破壊する」場合が抑うつとなる。彼の理論は善悪二分法による精神病理理論であると言えるだろうが，クライン理論との違いは，クラインはスキゾイドは攻撃性に起因すると考えるのに対し，フェアベーンは環境の失敗を一次的と見なす点である。

バリントの理論は，胎内では，自己と環境は調和的に混合しており，その後の母親による一次的愛 primary love の提供が子どもの万能感を育てるというものである。しかし，この段階での深刻なトラウマの経験によって，基底欠損 basic fault（これは全般的な気分 mood の問題であり，フェアベーンの考えるように構造の問題ではなく，自分の何かがおかしいという感覚を伴う。また，この状態に対し，治癒を提供できるのは環境のみで

注27）オクノフィリアとフィロバティズムはいずれもギリシャ語を基にしたバリントの造語であるが，オクノフィリアでは，対象と肌を接することを求めて，死に物狂いで対象にしがみつき，一体感を求めるのに対し，フィロバティズムはスリルを楽しむという意味であるが，自分のスキルに全幅の信頼を置いて，対象から距離を取り，対象のないところで危険を察知し，生き延びようとすることである（危険に身を投じることで，一体感を保とうとする）。治療論としては，基底欠損のある人は，退行状態の中でオクノフィリアの関係から，フィロバティズムの関係まで，幅広く揺れ動くものであり，治療者は，そのことを念頭に置いて対応することで，新規蒔き直し new beginning に近づくことが可能になる。また，その際に，分析家が破壊されないことを伝えていくことも重要である。

ある)が生まれる。それに対する防衛として,オクノフィリア ochnophil とフィロバティズム philobat がある,とバリントは主張する[注27]。

ウィニコットは非常に多くの論文で,スキゾイドの問題を扱っている。臨床素材をそのまま載せた『引きこもりと退行 Withdrawal and Regression』で,彼はあるスキゾイド患者に対する治療を展開しているが,この論文を読むとそれが大変苦労の多いものだったことがわかる。彼の本当の自己と偽りの自己の理論は,スキゾイドの理論そのものである。自己を抱えるのは環境であるが,環境からの外力が余りにも大きくて侵襲となってしまう場合,存在することの連続性が保てなくなり,防衛的に,環境に迎合する自己が発達して,偽りの自己となってしまう,と彼は主張している。ウィニコットは,本当の自己は,身体組織とその機能が生き生きとしていることに由来する,と主張している。また彼は,本当の自己は偽りの自己に先立つと考えている。子どもは二つの現象(一つは本当の自己の連続性の破綻,もう一つは環境に対する反応として生じる,偽りの自己による迎合性)を耐えることを通して,リアルであるという感覚を強化することが出来る,というのが彼の考えである。ここで,忘れてならないことは,本当の自己にも迎合的な側面があることである。乳幼児は,自らが晒されないように,迎合する能力がある,つまり,迎合する能力は一つの達成である,とも言えるのである。ウィニコットはスキゾイドの治療に大変な労力を注ぎ,工夫をこらしている。長時間セッションなどの技法の工夫は,こういった患者たちをいかにして退行させるかを目論んだものと言えるだろう。しかし,それだけの労力を払っても,全てのケースで良い結果が得られたわけではないことも,彼は論文に書いている。

注28) Masud Khan はパキスタン生まれの分析家で,長年に渡り,ウィニコットの教育分析を受け,その後,ウィニコットの協力者としても活躍した(ウィニコットの著書の編纂作業などを共同で行っている)。彼は大変な博識として知られ,彼の著した Hidden Selves, Privacy of the Self, Alienation in Perversion などは,独立学派のスキゾイド論として著名であり,一時期良く読まれていた。しかし,虚言や大言壮語などの問題があり,伝統的な分析家の立場からすると常軌を逸した行動もしばしばみられたようである。彼は,度々境界侵犯の問題を起こしていたが,最後の著書 When Spring Comes では,反ユダヤ主義を公言したために,英国分析協会から除名された。彼の何冊かの著書自体が,虚偽で有るとの目が向けられている。しかし,精神分析において,そもそも真実とは何だろうか? 最近,彼の東洋系の出自を考慮することで,その独自の感性を尊重し,彼の理論を今一度考え直すべきである,とする見解も述べられている。

ウィニコットから分析を受け，その周辺にいたカーン[注28]もまた，独自のスキゾイドの理論を展開している。カーンはフェアベーンとウィニコットの理論を土台としている。彼は，スキゾイド患者に見られる役割を演じる技術と，露出性に着目し，それとドイッチュ Deutsch, H. の述べている「かのようなパーソナリティ as-if personality」との共通性を指摘している。また，カーンは，彼らは被暗示性が高いために，他者と深い関係に陥いらないようにしている，と考えている。カーンは，この「かのような性」と，被暗示性の高さが，ウィニコットのいう「偽りの自己」を構成している，と主張している。カーンはこうした患者の特徴として，彼らは熱心に治療に通うが，何の変化も起こさないことや，彼らは分析家に愛着するが，無感覚なままでいることを挙げている。カーンは，これらの患者は才能は有るが，過敏な子どもだったのだろうと考える。それに対して，彼らの母親は，それぞれの発達段階で過剰にリビドー化する一方で，彼らの攻撃性を統合することには失敗している。その理由として彼らの母親は，彼らを独立した個人として認識することが出来ていないことが挙げられる。その結果，彼らは思春期になって，気分屋になって，自己に没入するようになり，恐怖症的になる。このようなメカニズムは，原初の理想化された対象と自己愛的な自己の関係との結びつきを継続するためのものである。彼らは対象を特別なものとすることによって，自分も特別なものとならなければならない，というのがカーンのスキゾイド理論の概要である（このカーンのスキゾイド理論は，何かカーン自身のことを述べているような印象を与えるところがある）。

倒錯

倒錯とは一体何かということを論じることは，本書の範囲を超えているが，ここでは性的に正常とされるものから逸脱した行動様式のこととする。そのメカニズムについては，学派によって，様々な理解が提示されているが，本書ではスキゾイドとの関連から，独立学派の倒錯の理論（特にこのテーマについて熱心だったカーンの理論を中心に）について簡単にまとめてみたい。

カーンは，倒錯はスキゾイドの特殊なケースである，と主張している。彼は，倒錯はスキゾイドによって引き起こされた分裂を修復するためのものであり，自己に対する自己愛的な感情を修復することを目指している，と述べている。カーンは，患者たちは幼児期に母親に溺愛されているが，その溺愛は身体的なものであり，むしろ「アイドル化」されていると考える。結果的に，身体と自己の間に乖離が生じることになる。そのようなことから，母親と子どもの間では，創造的な移行的関係や遊びの関係は生じにくい。また，彼らのパーソナリティは統合されたものと言うより，バラバラなもののコラージュのようなものとなっていると主張する。倒錯はある種の躁的防衛であり，創造的な「遊ぶこと」とは異なっている。彼らはいわば他者を使用して行動化しているのであると主張している。また，こうした倒錯的な傾向はあらゆるスキゾイドの患者に見られるが，実際に皆が倒錯を行動化するわけではない。しかし，彼らの中では身体イメージの混乱は重要なエレメントとして存在する，と述べている。彼の考えでは，スキゾイドの人は幼児期以降も自分の身体感覚を取り戻そうと試みている人たちである。一方，倒錯者の場合，治療の進展に伴って，根底にある解離，もしくは分裂が顕在化するものである。（これは，患者自身が感じている環境の分裂と似ている。患者は環境を取り入れて，内的対象を作っている，と理解することも出来る。）カーンの見方によれば，スキゾイドにしても，倒錯にしても，防衛的な側面が重要である，ということになる。
　最近，ボラスは著書『ヒステリー』の中で，ヒステリー論を展開しているが，今日ではヒステリーもまた，スキゾイドの延長線上のものとして理解され得る，というのがボラスの主張である。その点については，改めて論じたい。

ある臨床例

　以上に示したように，スキゾイドの特徴をまとめることは出来るものの，実際の臨床例としては，スキゾイドの患者は，非常に幅広く，多くのものが含まれると考えることが妥当だろう。古典的な「風変りな人間嫌い」という人たちも，スキゾイド患者の一翼を担うのであるが，現代のスキゾイ

ド患者の特徴は，むしろ表面上，はっきりとスキゾイドであるとは分からないことであると言われている。目立った症状が全くない場合もあれば，異常に正常であることもある。そういう人たちの場合，スキゾイドの病理が表面化するのは，治療者との関係の中においてであって，そこで彼らは心がない mindless あるいは考えることがない thoughtless という印象を与えることがある。あるいは，心身症症状が前景に立つこともある。狩野が指摘するように，彼らが苦境を訴えても，それに共感することはしばしば困難である。しかし，彼らはそもそも自分自身で困っているとは限らないので，治療に来ない場合も多い。しかしながら，彼らが治療に来る場合には，何かがおかしいと自覚的に考えたり，何か漠然とした不適応感や不全感を抱いたりしている場合が多い。そうかと思うと，突発的で衝動的な行動化が示されることもある（特に自殺が問題となる）のだが，その予測は難しい。

　精神医学的診断としては，彼らは様々な診断基準に該当するために，他の診断名がつけられることが起こり得るが，反対に明確な症状がないために，何の診断名も付かず，中核的な病理がスキゾイドであると気づかれないことがある。仮に診断が付く場合には，身体表現性障害，パーソナリティ障害（特に境界性パーソナリティ障害），心身症，倒錯などに該当する場合が多い。しかし，何にも当てはまらない場合や，「正常（それが異常である）」と診断されることもある。

　繰り返しになるが，スキゾイドは症候学的には PDD と重なり合う部分がある。どんな病気でも，素因と環境が原因として関わるものであり，私は，PDD は，スキゾイドを引き起こす要因の一つとして考えることは妥当であると思う。しかし最近の PDD を巡る議論では，発達障害は脳の器質的な疾患なのであるから，精神分析はおろか心理的アプローチは有用ではなく，無効である，という考え方がある。たしかにスキゾイドはその原因の一つとして PDD があるとしても，いずれにしてもコンタクトを取り難い人たちであり，治療困難な人たちである。しかし，それでは心理的アプローチが功を奏さないかというと，そうではないと思う。自己理解を深めることは，彼らにとって適応の改善や，生き方の変化へとつながるのである。むしろ問題なのは，本当の意味で PDD ではない人々が，多少なり

ともその傾向があると言って，PDD に含まれてしまい，適切な心理療法を受けられない危険性であるかもしれない。

　ある専門職の 20 代後半の女性 M は休職中だったが，職場で同僚より性的被害を受けたことがきっかけとなって心的外傷後ストレス障害（PTSD）状態になっているのを治療して欲しい，と治療者の許を訪れた。話を聞いて興味深かったのは，M は性的被害そのものよりも，加害男性がその時ににやけながら危害を加えようとしたことが意味がわからず気持ち悪かったと語ったことである。また被害後に事件でひどい目に遭ったことを訴えようとしたところ，上司を含む周囲の人々がことを穏便に済まそうとして M には少しも共感的に接してくれないことに大きなショックを受けた，と語った。さらに，当初は家族も取り合ってくれなかったことがショックの原因となっていた，と M は語ったのだが，聞いている私も，たしかに性的被害はあったのだろうが，具体的な状況がどのようなものであったのかを思い描くことが出来ず，余りピンと来なかったことを最初に述べておかなければならない。私はその具体的状況を思い描くことは出来なかったものの，セッションに来た M は知的で人当たりも良く，特別に奇妙な印象は与えなかった。ただ，M は，他人と付き合うことはあまり好まず，ごく限られた対人関係しか持っていないことを語った。それとは別に，M は常に何かを責められているように感じていると語ったが，それは何か問題が起こったときにはいつも，M 自身の信仰心が足りないから（母親はある新興宗教の熱心な信者であり，M にもその信仰を強要していた），と片づけられてきたことに起因している，と本人は理解していた。

　治療者がこの患者と最初に出会ったのは今から 10 年以上前のことであり，その頃は未だ PDD の概念は人口に膾炙してはいなかった。そのため，治療者はこの患者の基盤に PDD があるとは考えずにスキゾイド傾向のある一人の PTSD 患者として，セッションを持つことを合意した。M に成育歴を尋ねると，M は常に仲間外れにされたり，苛められたりしてきており，苦難の連続のようであった。しかし，どうしてそのように苛められるのかに関しては，M は自分では理由が分からない，

と語った。Mには，親友と呼べるような友達はおらず，そもそも表面的でない対人関係は全くなかった。しかし，M自身が望んでいないにもかかわらず，相手からMを巻き込んで，無理やり友達になろうとする人は後を絶たず，そういうことにMは困惑していた。また，Mは幼い頃から，痴漢やストーカー被害など様々な性的被害に遭遇してきていた。しかし，その一方で，Mには，特殊とも言える能力があり，それは何か目標が出来ると，それにとことん打ち込んで，それを達成する，ということであったが，その目的のために一人黙々と練習したりするので，そういう点でも，周囲の顰蹙を買うことになった。また，Mは本を2，3回読めばその内容を覚えてしまえること，しかし，反対に経験した嫌なことを忘れることが難しいことが語られた。

　Mは，これまでの経験から，自分は基本的に誰も信用できない，と語り，その点では治療者も同じなのだが，ただ，治療者は自分の話を関心を持って聞いてくれる点で他の人とは違うかもしれない，と語った。しかし，これまで自分の話を理解した人は居なかったので，最近はこういうふうに言えば，相手はこのように反応するだろうとシミュレートしながら話しているが，その予測から外れたことはほとんどない，治療者の反応もだいたいシミュレート出来る，と続けた。一方，現実場面では引きこもって生活することが続いた。

　しかし，定期的なセッションをずっと続けて数年が経過するうちに，Mは，治療者の反応が普通の反応とは少し異なることを認識するようになった。Mは，自分は他の人の顔を覚えられないが，繰り返し会っているうちに，治療者の顔は分かるようになった，と語った。Mは，対人関係を持とうとすると，何故か相手のペースに巻き込まれてしまうので，今は誰とも関係を持たないようにしている，と理屈っぽく語り，女性同士の会話では同意を求められることが多いが，そういう場面になるとぞっとしてしまう，などと続けた。そういった話を聞いたり，これまでの経緯を考えたりしているうちに，私の中で，MはPDDなのではないか，との考えが頭をもたげてきた（ちょうど，世間でもPDDのことが言われるようになった時期と一致していた）。その理由としては，最近でこそ何とか推測できるようになったというものの，他人の考えが

良く分からないということや，他の人なら気にしないことを気にしたりすることであった。徐々にその考えは強まっていったが，それをMに伝えるべきかどうかを迷ったが，最終的に，治療者の見解としてMに伝えることにした。

これを患者は大きな驚きとして受け取ったようであったが，同時にやはりそうだったか，という反応も起こり，新たな自己理解を拓くことになった。患者は，「なるほど，そういうことだったんですね」と語り，自分がPDDであることを認識することを通して，これまでの対人関係などを分析し，はるかに周囲との関係を理解しやすくなったことを自覚した。それは現実生活で生きやすくなることにつながっていった。Mは，自分の家族も，自分とはタイプが違うがある種の発達障害であることが分かったと語り，周囲が自分のことを全く理解していなかったことを改めて知った。そのために子ども時代の自分が十分な養育を受けることが出来ず，しばしば苛められたこと，しかし他人は口では親切そうなことを言っていても，実際には誰も助けてくれようとしなかったことをしみじみと実感できた。また，あるタイプの人たちが妙に自分に接近して来たり，ストーカーになったりする理由が分かったとも語った。Mは，自分が他人の言うことを言葉通りに受け取ることに問題があることを認識するようになった。

このように話した後のセラピーでは，M自身が自分の問題は器質的なものなので最早話しても仕方がない，と主張するのではないか，セラピーを継続しても何かが展開するとは思わないのではないかと治療者は訝ったが，それは杞憂であった。Mは，自分と周囲の人との間で軋轢が起こる原因をより詳細に理解できるようになり，これまでの様々な問題の原因を理解するようになった。また，受診のきっかけとなった性的被害に関しても，周囲の人たちと自分との間には捉え方の違いがあって理解の仕方も事態への対処の仕方も異なること，その結果として，Mは二重の意味で被害を受けたことを認識するようになった。これからの生き方に関しては，Mは引き続き引きこもって生活することを選択したが，それはこれまでと違って熟考した上でのことであり，対人関係においては，より慎重に距離を取って，他人と付き合うようになった。ま

た，苦手なタイプの人がどのような人なのか理解することが出来たので，そういう人たちとは，無理に交流を持つことはなくなった。Mは，他人と交流を持つ場合は，限定された話題に焦点を絞って付き合うように努力したが，その方策は概ね成功したようである。

　また，治療者の側に起こった変化についても述べておきたい。PDDであるという話をする前の一時期，治療者にとってMの話を聞くことはとても退屈で，眠気を我慢しなければならなかった。しかし，Mに，PDDの可能性を告知して以後の面接では，そういうことはなくなり，Mの話により自由に耳を傾けることが出来るようになった。Mの方でも，治療者にどういうことが伝わりにくいかを理解することが出来，以前ほど面接をシミュレートして来ることは減った，と語っている。

　この患者はPDDが基盤にあるスキゾイドの患者であると言えるが，治療を続けていく中で，少しずつ変化は起こっており，より内省的になり，自分なりの道筋を通してではあるが，より適応的な生活を送られるようになっている。患者にPDDの素因があることを伝えたことは，患者が自分の問題を整理するのにはかなり有効だったようであり，そうすることが患者の心理的な自己理解を深め，患者はより自由に自分のことを語ることが出来るようになった。また，現実適応も変化していった。このような患者にとって，PDDがあるとしても，パーソナリティ全体としての統合が悪くなっていることが問題であると理解することは意味深いと思われる。また，PDDの素因がどのように認知の歪みなどを引き起こすかを理解することも重要だろう。そうした基盤を踏まえた上で初めて，何が本当の自己で，何が偽りの自己であるかを問うことも，意味ある作業となるだろう。

7 ウィニコットの心身症（精神－身体障害）論

　ウィニコットは折に触れて心身症 psychosomatosis について述べている。心身症とは，身体疾患の中で，その発症や経過に心理的社会的因子が密接に関与し，器質的ないし機能的障害が認められる病態をいう。ウィニコットは，こういうもの以外にも，精神と身体がバラバラな状態や，身体に対して何か違和感があって，収まりが悪い状態も心身症に含めている。また，私は，自分の身体像に満足できずに美容整形を繰り返す場合や，怪我をしやすい場合 accident proneness などもここに含めることが出来ると考える。この心身症という言葉であるが，ウィニコットの考えでは，精神 psyche と身体 soma の統合が出来ないことが中心的なテーマなので，精神―身体障害 psycho-somatic disorder と呼ぶ方がその言わんとするところが伝わりやすいのだが，わが国では心身症と呼ぶことが馴染みとなっているので，ここでも心身症を用いることにする。

　ウィニコット自身，心身症に大きな関心を抱いていた。彼は論文集としては3冊の本を刊行したが，4冊目として心身症の本を刊行する計画だったと伝えられている。実際，編集されなかった論文を集めた『精神分析的探究 Psychoanalytic explorations』には，心身症および周辺領域に関連するいくつかの重要論文が収録されている。しかし，残念ながら，彼の死によって，その構想は実現することはなかった。

ウィニコットは何故心身症に興味を持ったのか？

　精神と身体とは密接に結びついている，という考えは，精神分析の基本的な考えである。その点に関してフロイトは，全ては肉体 body から始ま

るが，その原初の精神的な表現が本能 instinct であると考えた。ウィニコットの考えは，本能論ではなく，情緒論であるが，早期発達において，精神と身体はそもそも次元が異なる別個の存在であり，当初は統合されていない。精神と身体は，相互に繰り返しながらのやり取りがあり，結果的に精神が身体に根を下ろすのは，一つの達成である，というものである。

しかし，ウィニコットが心身症にそもそも関心を抱いたのは，もっと個人的な理由による可能性が高い。すでに述べたが，彼自身がいくつかの心身症症状を患っていた。有名なのは心臓発作であるが，それ以外にもインポテンツや眠ることは出来ても夢を見ることが出来ないことなどを本人は挙げている。どうしてこのような症状が起こるのかということが，彼の興味を引いたのだろうと思う。また，ウィニコットの時代にすでに（現代に比べれば未だましなのではないかと思えるのだが），医学における身体中心の傾向に対するプロテスト（電気ショック療法やロボトミーに対して，彼は一貫して反対の立場を取っており，そのような身体的な治療は，魂 spirit を損なうものであると主張する）も彼が重視していた点である。

彼が心身症について述べている論文のうち，特に重要なものは以下のものである。それは，『心と精神—身体との関係 Mind and its Relation to the Psyche-Soma (1949)』，『心身症の肯定的及び否定的側面 Psycho-Somatic Illness in its Positive and Negative Aspects (1963)』，『自己の身体的な基盤について On the Basis for Self in Body (1970)』，『人間の本性 Human Nature (1989)』である。

このテーマに関連する最初の重要な論文である『心と精神—身体との関係』において，ウィニコットは，ジョーンズの問い「心はそれ自身として存在するのか？」に対する答えとして，健康な発達では，精神 psyche，身体 soma，心 mind は相互に関わり合いながら，徐々に巻き込まれるようにして発達する，と考え，「最初に存在するのは身体であり，次に精神が，健康であれば徐々に身体に根を下ろす。やがて第三の現象が現れるが，それが心や知性と呼ばれるものである」と述べている。つまり，元々は心と呼ばれるものは存在せず，それは精神の機能の一部分であるのだが，母親の側の少しずつの失敗の結果，それを補うために，心の機能が生まれることになり，そうした心の代表的な機能は，思考することや知性である，

というのがウィニコットの考えである。ここで，環境の失敗が取り返しのつかないほど大きい場合，すなわち「ほど良さ」の限界を超えてしまう場合に，心身症が起こったり，偽りの自己が本当の自己を凌駕して圧倒することが起こったりする。ただ，この論文においても，ウィニコットは，心身症の肯定的な側面を見るべきであると主張し，「心身症の一つのもくろみは，精神を心から引き戻して，身体との本来の緊密な連携を再現しようとするものであると見て取ることが出来る」と述べている。

その次の論文『心身症の肯定的及び否定的側面』において，ウィニコットは，心身症で病気を構成しているのは，身体疾患それ自体ではなく，強力で確固たる防衛組織である自我の分裂 splitting であると述べている。また，「偽りの自己」の問題ではなく，精神が身体に住みつくことの問題であるとも述べている。これは，自我が脆弱であるがゆえに組織化されたものであるが，責任の所在を分散させて，現状を維持しようとする無意識的な欲求を反映している，というのが彼の考えである。心身症は，統合へと向かい，人格化を目指す傾向の否定として存在する。しかし，心身症では，精神と身体の結びつきが完全に失われるわけではない。身体的に巻き込まれることには，肯定的な意味合いがあり，その点でスキゾイドとの違いがある，と主張している。こうした考え方の背景には，防衛は本来生き延びるためのものであり，健康なものである，という考えがある。それ故，心身症には肯定的側面と否定的側面がある，と彼は言うのである。

心身症に対する精神分析的アプローチ

ところで，心身症の精神分析的研究はどのような歴史を辿っているのか？

心身症のメカニズムについて，その端緒を開いたのはフロイトであるが，初期に心身症に関心を持った分析家としては，アレクサンダー Alexander, F., フェニヘル Fenichel, O. などが挙げられる。彼らは，心身症の位置づけを行い，内科のみの観点では研究は出来ても，精神面からの治療的アプローチは出来ないことを指摘している。心身症に対する精神分析的研究に大きく貢献したのは，1960 年頃に始まるパリ心身症学派（マルティー P. Marty ら）の研究である。彼らは心身症患者の情緒と思考に着目し，

操作的思考，欲望の欠如，抑うつ，退行する能力の欠如などといった共通した特徴を描出している。彼らは，心身症では早期発達の障害の結果，象徴形成能力が育っておらず，病態水準の低い疾患群であることを指摘している。その後の展開としては，アレキシシミア（Alexithymia: シフネオス P. Sifneos）の概念が提起された。これは心身症患者において，自分の情緒を言語化する能力に欠如が見られる（アレキシシミアは失感情症，あるいは失感情言語症と訳される）ことを指摘したものである。当初，アレキシシミアは心身症特有のものと考えられていたが，その後，外傷性障害（PTSDなど）にも見られることが分かってきた。

　ウィニコットの心身症論は，これらの研究とは独自に，早期発達とその障害の観点から，心身症を位置づけようと試みたものである。また，ウィニコットの影響を受けたものとしては，マクドゥガルの「精神的に生き残るために身体疾患を保持すること」の考えがある。彼女は，心身症患者に共通してみられる特徴として，自分自身の情緒に無頓着であり，治療者との関係を結びにくいことを挙げ，「反分析者 anti-analyzand」の概念を提起している。ここでウィニコットの心身症論について触れてみたい。

ウィニコットの心身症論

　ウィニコットは，『心身症の肯定的及び否定的側面』の中で，「心身症は，肯定的なものの否定である」と述べている。肯定的なものとは，統合へと向かう傾向，人格化，精神と身体の統一を達成しようとする個々人に生来備わった傾向であると彼は述べている。統合過程の中の「私である（私は存在する）I AM」段階において，精神と身体の乖離によって，「私」と「私である」もまた乖離する，ということが起こる。これは精神と心の乖離を引き起こすのだが，そうなると，私が私であることを楽しむことは大きな不安を引き起こすことになる，と彼は述べている。

　ウィニコットは，心身症の発生に関わるものとして，二つの段階を想定している。一つは，統合へ向かう傾向を伴った一次的な無統合状態の段階であり，この段階では，母親によって，赤ん坊の自我に現実感が与えられるが，母親の側に失敗があると，赤ん坊は情緒発達に必須のものを欠いた

状態で放り出されることになる。今一つは，精神と身体の統合の段階であり，この段階では，精神が身体に「住みつくことが起こり，それに引き続いて，精神と身体の統合を楽しむ経験がある。健康な発達が起こっている場合には，『私である』段階に足がかりを得ており，身体機能を楽しむことが自我の発達を促すだけでなく，自我の発達が身体機能を強化することになる。一方，その時の失敗は，身体に住みつくことを不確かにし，ある種の離人症を引き起こすとのことである。ここでウィニコットが重視するのは万能感の経験である。彼は赤ん坊の「お山の大将 I am the King of the Castle」の経験[注29]を重視しているのだが，それは心身を巻き込んだ万能的な経験であるとともに，「お前は汚い乞食だ You are the dirty Rascal.」と，他者が巻き込まれ，自分と自分でないものが明らかにならざるを得ないからである。もちろん，こういったことは錯覚であり，いずれは脱錯覚に晒されるのであるが，一時的に万能感を経験することも間違いないのである。彼は赤ん坊にはそういう時期が必要であると考えられるのである。

　心身症の発達論から，心身症の分類がなされる。ウィニコットの考えでは，心身症には二つのタイプがあり，一つは「身体に精神が住みつくことがきちんと確立されていない弱い自我」によるものであり，もう一つは「『私である』段階からの，および『私でないもの NOT-ME』が存在することを個人が否認したことによって生じる敵意のある世界からの，（心身症の発達とつながりのある）特殊な形の分裂への退却が関係する」ものである。両者は別個に存在する場合も，並立する場合もある。こうした状態を前提として分裂が起こるのだが，心身症は精神と身体の結びつきの弱体化を伴った個人の人格の中の分裂を意味している。しかし，繰り返しになるが，病気の人間の中で，精神と身体の結びつきが完全に失われるわけではない，というのがウィニコットの主張である。

　ウィニコットは，心身症治療には独特の困難が伴う，と主張している。それはいわば，二頭の馬に同時に乗らなければならないからであり，しかも，二頭を上手に操らなければならないからである。つまり，精神と身体

注29）イギリスで 18〜19 世紀頃男の子たちに歌われた童謡で，このようなかけ声をかけながら，相手を小山からひきずり下ろすゲーム。

の治療を同時並行して行わなければならないということである。しかし，患者はそれ以外にも分裂を多用してくる可能性がある。その点も見失わないようにしなければならない。また，統合しようとする患者の能力のやや先を歩みながら，見かけ上はそうでないようにしつつ，病気について患者自身がまとまった見解を持てるように導いていくことも困難を引き起こす。ウィニコットは，治療者のあまりにも生真面目なスタンスはかえって失敗につながると主張し，むしろサイエンスフィクション的なスタンスが良い，と述べている。

ウィニコットは，この論文の中で何例かの症例を提示しているが，ここではその中から摂食障害のケースを引用してみたい。

ウィニコットが治療した摂食障害の症例

患者は10歳の少女だったが，食べ物を薬として服用していたために，身体的には全く問題はなかった。しかし，この患者は，食べ物としては何も食べていなかった。また，患者は大変疑い深かったのだが，分析家，内科医たち，看護スタッフの密接な共同作業に，絶対的かつ意識的に依存していた。患者には多重の分裂が見られ，看護師や医師は，理解のある人と無理解な人に分類されていた。患者は非常に多くの人と関係を持っていたので，何か困ったことを誰かに言われたときは，それを否定することを言ってくれる別の誰かを直ぐに見つけることが出来た。

患者はこのように巧妙に分裂を維持しており，その状態が何年も続いていた。実際のところ，患者をとりまく医療スタッフには様々な人が居たので，環境の側が一つにまとまるわけでもなく，患者は常に自分の味方を見つけることが出来た。

患者は，つねに腹部症状に妄想的に逃避していたが，そうすることによって心に中身のあることは否認されてきた。ウィニコットは，心身症治療チームの一員として，この状態を長期間支えてきた。その間に，チームの援助者たちも徐々にではあるが，密やかに転移の何らかの側面を担うものへと転換していった。全体的な変化は突然到来した（あるとき，患者はもはや防衛として分裂を用いなくなったのである）。ウィニコットがこの症例で

行っていたのは，治療全体を把握して，患者を破綻へと追い込むことが起こらないようにすること（すなわち，マネージメントをすること）だったと言うことが出来るだろう。

ウィニコットは別の皮膚疾患の症例に関しては，患者はいわば枠のないキャンバスに絵を描いているようなものであり，早期発達の段階で，環境の側の応答性の欠如のために，そのようなことが起こってしまったと考えている。ウィニコットの理解では，その患者は幼児期に叫び声を立てることが必要だったのだが，叫ぶことが出来なかった。つまり，早期発達における環境との相互作用の欠陥が，現在の心身症へと結びついている，というのが彼の考えである。

心身症が治療困難であることや，転換などによって起こるヒステリー（身体表現性障害）と比べてはるかに原始的な病理が基盤にあり，むしろ精神病に近縁の病態と見るべきであることは，精神分析的な精神病理理解では共通の認識であろう。ここで症例を提示し，心身症の病理と治療について更に理解を深めたい。なお，この症例での私の役割は主にマネージメントであった。

ある摂食障害の症例

症例Kは，初診時32歳の主婦だった。Kは，摂食障害（bulimia nervosa）との診断のもと，私が担当する以前に，すでに長期間の加療を受けていた。患者の原家族は，両親と弟だったが，Kの両親は二人ともあまり恵まれない環境のもとに育ったとのことだった。Kは，幼い頃より育てにくい子どもで，よく自家中毒を起こしており，幼稚園では登園渋りがあった。10歳ころには脱毛が起こり，それまで長くのばしていて自慢だった髪が抜けだしたとのことだった。Kは中2のときに拒食から過食になった。しかし，勉強は出来たので母親の希望に従ってある専門教育の学部に進み，卒業後はその専門を生かした仕事をしていた。その頃，過食嘔吐は酷かったらしいが，当時の主治医に勧められて技術系サラリーマンの夫と見合い結婚をしている。しかし，ほどなく妊娠し，子どもはとても

育てられないと考えて中絶した。その際に夫に初めて病気のことを話したとのことだった。

　Kは，ここ数年は夫の勤務の都合で遠方の都市に住んでおり，その間は落ち着いていたが，最近夫が転勤し，実家の近くに戻ることになり，このままではとても「装いきれない」と考えて，私がパート勤務していた総合病院心療内科を受診した。

　Kの第一印象はともかく不思議な人だった。Kは，化粧っ気は全くなかったが，一見したところ，ガリガリに痩せている，というのではなかった（実際の体重はかなり低かった）。しかし，私は何か生身の人間と話している，という感触が持てなかった。Kは，これまでのカルテのコピーと称して膨大な紙の束を持参して，それを私に渡した。しかし，その意図がよくわからなかったのでその内容について尋ねると混乱し，返答できなかったので実際にどのようなことがあったのかは明確にならなかった。Kは，それ以外の質問にもほとんど答えられなかった。しかし，困ったのは治療者に身体的に接触しようとすることで，そうしないと安心しないので触らせてほしいとKは語った（しかし，その時点で治療者は，性愛化された印象は全く抱かなかった）。私は取りあえずの妥協として，帰り際に握手をして別れることにした。また治療者は，Kと言葉の上ではやり取りが出来るものの，何が情緒的なつながりが持てないと感じた。どうやってつながりを持つかが当初の治療目標であろう，と私はぼんやりと考えていた。

　[初回入院]

　しかし，面接開始後，Kの体重は徐々に減少するようになり，身体的に管理することが必要と判断される状態だったためゆっくりと外来で会う余裕はなく，入院することになった（総合病院の一般病棟）。私は，それまでの外来でのやり取りから，Kは体重が増えることには抵抗を示すかもしれないが，当面は静かな入院生活を送るだろう，と考えていた。ところが，入院したKは，「エクソシストがやってくる」と叫び，病棟を走り回ったり，誰彼かまわず抱きついたりした。幻聴もあるようだった。これは病棟に抱えられることによって，投影されたものが迫害的な妄想として

戻ってきた，と理解されるだろう。

　入院治療を継続するため，Kの家族が付き添いをすることになり，日中は母親が，夜間は夫が病室で付き添うことになった。家族は特に不平をこぼすこともなく，淡々と付き添っていた。Kもそれをごく普通のこととして受け入れて落ち着いて過ごすようになった。病棟という場で，看護スタッフもいるので，侵襲的でない関係が維持されたのだと思われる。
　しかし，入院してもKの過食は改善せず，嘔吐も続いていた。点滴も行われたが，体重はむしろ減少傾向が見られた。そのため，入院は長期化し，スタッフの無力感がつのっていった。また，Kがごろごろと寝るか過食嘔吐するだけで，治療に自ら取り組むという意欲を見せず，何を感じ，どのように思っているかがほとんど語られなかったことがさらにスタッフの反感を強めた。これは患者によくなって貰いたい，と考える医療スタッフにしてみれば何かつけ込まれていると理解されるだろう。やがてこのまま漫然と入院を続けても仕方がないとの意見がスタッフ間で支配的となり，若干の体重増加が見られたことを契機に，Kはいったん退院することになった。そのことに対し，Kからの意思表示もなくK自身がどのように考えているかは，ほとんどうかがい知ることが出来なかった。結果としてKを早期に放り出したということは，早期の対象関係のエナクトメントとして理解されるかもしれない。

[退院から再入院までの経過]
　しかし，いったん退院したKは，追い立てられている感じで休めない，と語り，過食嘔吐も強まって体重減少が目立ち，再び入院することが余儀ない状態となった。検査所見もかなり増悪したことから，再入院するならば中心静脈栄養（IVH）をすることが必要となった。その旨を本人に伝え，本人も納得して再入院することになった。

[第2回目の入院]
　ところが，実際に入院してIVHが開始されると，Kの反応は想像を絶するものであった。今回は走り回ることはなかったものの，Kは，「一秒たりとも我慢できない」と言って泣き叫んで暴れた。この激しい抵抗は，

単にやせ願望，肥満恐怖によるものとは思えなかった。Kが何としてもIVHを止めて欲しいと叫ぶために，再び家族が付き添うことになった。このとき家族は何も言わずに背中を擦ってくれた，とKは後になって語ったが，そのような態度はこの時期のKにとって，とてもサポーティヴだったようである（Kは家族の，特に母親の，侵襲とは異なる側面を経験することが出来た）。IVHをしても嘔吐は続いたが，Kは元々反社会的傾向[注30]は顕著ではなかったため，体重は徐々にではあるが増加していった。そのような状況を，Kは家族の支持のもとに何とか耐えることが出来た。これはKにとってとても意味のある経験だったようである。そうした中で，IVHにどのような心理的な意味があるか，などといったことも治療者との間で話し合われた。それは自分がなくなる体験に近い，とKは語った。そうした話し合いを契機として，Kは少しずつ治療者と会話出来るようになった。Kは，幼少期をはじめとする過去の経験や，母親との関係などを語り出した。

　その中で，Kは，これまでは過食嘔吐に快感を抱いていたことを告白したが，それが最近は虚しさを引き起こしていることを語るようになった（そうは言っても，もちろん過食嘔吐が止んだわけではなかった）。また，Kは，これまでで初めて熟睡することが出来たことを語った。これはKの身体性にも変化が生じてきたことの現われとして理解出来るだろう。

　そして徐々に，Kは自分の母親が，摂食障害発病に大きな影響を与えていることを理解するようになった。Kは，母親の生い立ちについて，母親自身がその母親のお腹の中に居た時に，その父親が母親の妹と関係し，その妹も妊娠したため，Kの母親には腹違いの妹がいること，そのためにKの祖母は常に不安定な心理状態に置かれていたこと，その結果，Kの母親は，自分が両親から愛されていないと思い込んでいたことを語った。そして，Kを妊娠することに際しても，母親が平静な気持ちで居られなかったことが語られた。その一方で，Kの母親は，自分の出来なかった

注30）摂食障害患者には高い頻度で反社会的傾向の合併が見られることが知られている。具体的には，体重や食事量のごまかし（虚言），点滴を捨てて，そのことを黙っていること（虚偽性障害），万引きや盗み，薬物乱用（主に下剤，利尿剤であるが，時に痩せる効果があると言われる覚せい剤なども含まれる）などであり，大きな問題を引き起こすことがある。しかし，これらの多くは早期発達上の問題と関連が深い症状である。

ことを何でもKに体験させたいと語っていたが，自分の出来なかったこととは一体何なのかということも含めて，そういう母親の思いが，Kにとって圧迫感になっていることも連想された。

この頃母親の側でも，自分の子育てに問題があったのかもしれない，ということから，治療者に精神療法の希望が出されたが，同時に親子の治療をすることは不可能だと断っている。

[第2回目入院の退院後の経過]

Kは，それまでの入院では，付き添いなどを母親に頼っていたが，退院後は距離を取るようになり，むしろ夫に頼るようになった。そして，水泳などを始め，それを楽しめるようになった。治療者は，このままKが改善することを期待したが，そのように順調には進まなかった。やがて，Kは何もすることがなく所在ない気持ちを語り，強迫的に掃除をするか，薬物を過量に服用して一日中眠ってしまうようになった。Kは圧迫感を訴え，「宇宙空間の中で一人で喚いている感じ」などと孤独感を語った。不安感や孤独感はむしろ，治療が進展するにつれて，語られるようになったのであるが，このことは成長することによって症状が現れた，と言うことが出来るように思われた。

この頃Kは母親を明らかに避けるようになってきたが，母親の側では，何故自分が避けられるのかについて，ピンと来ない様子であった。一方，診療場面でも治療者に対してKは「何もない」と語り，「元気です」と語るので，どのように対応してよいか困った。治療者はKとの面接を退屈に感じ，眠気を覚えたりするようになった。Kの方でも，毎日何も変わらないので，話すことは何もないです，と言うことを繰り返した。

しかし，その後，Kは少しずつ微熱や倦怠感を訴えるようになり，精査したところ，結核が発見され，退院後6ヶ月で，三度目の入院をすることが必要になった。これは穿った見方をすれば，Kは身体疾患になることが出来るようになった，ということであろう。

[第3回目の入院]

この入院は，結核によるものだったので，精神的というよりは身体的な

ケアが主体で行われた。Kの発病は，身体的な抵抗力の低下によるものと考えられたが，身体的なケアを受けて，Kの状態は急速に回復していった。しかし，精神的な部分でも，これまでの治療で見落とされてきたことがあると認識された。Kは，「これまでは（何でも知っているように思える）治療者を神格化していたが，今回のことで先生も人間なのだと思うようになってきた。」と治療者のイメージの変化を語り，それまでは治療者が具合が悪いと自分まで具合悪くなっていたと語った。また，最近，自分自身でも悩める（悩んでいるという実感を持てる）ようになったが，その結果，かえって身動きが付かない気持ちを実感するようになった，と語った。

[その後の経過]

退院してからのKは，過食嘔吐は持続しているものの，過食は快感とは全く無縁となり，パターン化するようになった。Kは偏食の傾向が強かったものの最低限必要な栄養は摂取するようになったため，体重は低いものの安定し，身体的な危機に陥ることはなくなった。また，全般的に温和に過ごせるようになった。家族関係では，原家族とは距離を取る一方，夫とはより親密な関係を持つようになった。また，夫の両親に可愛がってもらうことにより，そこで疑似親子関係を経験出来るようになった。

Kは，母親から迫害的に扱われる夢（例えば，母親から食べられる夢や死んだ母親に蛆虫が湧く夢など，生々しくグロテスクなものが多く語られた）を繰り返し夢見るようになった。そうした夢見る体験は，Kの情緒生活を揺り動かし，Kは母親に対する否定的な感情をふくらませていった。また，現実の母親が，実際にしばしばKに否定的感情を抱かせる行為をしてしまうことも明らかになった。このような想起や，実際の母子関係の展開を通して，Kは自分の成育過程をより詳細に語ることが出来るようになった。

一方，当初より，Kが治療者に対して，ほのかな恋愛感情を抱いていることは確かだったが，このセラピーは一般外来で行ったため，転移感情については，基本的に取り扱わなかった。やがてKは，母親がKのことを愛せなかった理由を考えることが出来るようになり，母親の気持ちもあ

る程度は理解出来るようになった。例えば，母親がKに，自分が経験出来なかったことを何でも経験させたいと言いながら，実際には身動きが付かないようにKを縛ってしまっていることの背後にあるアンビヴァレントな気持ちなどである。Kは，自分が母親に対して，何故，迫害的な空想を抱くようになったかについても考えるようになった。

一方，現実の母親は年老いてアルコール依存気味となっていたので，そういう母親を可哀相と思う気持ちもKに芽生えて来たものの，実際に母親と接してみると耐えられない，という状況が続いた。実際，Kも母親も歳を重ね，Kは少しずつ母親に対する，拒否的な態度を抑えるように変化していった。その一方で，サラリーマンだったKの夫は定年退職し，家の近所で教室を始めるようになり，夫婦の生活の密度が濃密になっていった。

Kの過食嘔吐は習慣化していたがその回数は激減し，量も減少してきていた。また，治療者の外来には定期的に通って来るものの，その頻度も徐々に減少し，内容的にも雑談のような面接が続いた。しかし，日常生活では，活動の幅は広がり，かつて打ち込んでいた趣味も楽しめるようになった。そのような平穏な日々が数年続いたが，残念なことに，Kは入浴中に心臓発作を起こして亡くなってしまった。

これもまた穿った見方をするならば，セラピーを通じて，Kの精神と身体の統合がなされ，精神が身体に住まうようになったおかげでKは死ぬことが出来た，とも言い得るだろう。

症例の理解とまとめ

Kが発達早期から，母親による圧倒的な圧力に晒されてきたことが，症状から，また成育歴から再構成される。第1回目の入院時の精神病的な症状は，枠組みの中に置かれたことによって生じたKの不安を明らかにしたものと理解されるだろうが，ローゼンフェルドらが語った「浸透圧 osmotic pressure (Rosenfeld, Felton)」，すなわち最早期の（場合によっては胎児の時期の）発達において，それが何であるのか分からないまま，絶対的な圧力にさらされることを連想させるものである。つまり，環境の

機能が破綻して侵襲として働き，赤ん坊は精神と身体の統合に失敗し，分裂が強化されることになったのである。さらに，この分裂には，母親の側の分裂された部分の投影も関与していることが考えられる。また，心があることは否定されている（mindless な状態）。早期母子関係の状況が，そのまま K の病態として再現されていた，と見ることが出来るだろう。

心身症である患者は，心がない状態となっていたのであるが，これは現象的には，PDD の様にも見えることがあるだろう，しかし実際には，解体を避けるために防衛的に組織化されたものであった。患者がこのような防衛を組織化したことは，思考することが K が生きることに何の役にも立たない状態に陥っていたからである，と考えれば納得のいくことであろう。また，K は心がない状態なのだから，様々な行動化を起こすこともまた，至極当然のこととして理解されるだろう。治療は，そのように心がない状態の K が思考するスペースを持つことが出来るようにすること，思考する能力を拡大することを目指して行われたのである。

ところで，今日注目されているテーマの一つに，発達障害と摂食障害とは重なり合うのではないか，ということがある。確かに，現象的には，両者には類似点がある。それは両者とも，考えること，他者を理解することを止めている点である。メカニズムとしては，摂食障害は防衛であり，PDD は器質的側面が大きいので，両者は異なるが，どちらも現在の流行であり，時代の傾向を取り入れている，という点では類似点が大きい。両者が合併していると考えられるケースも見られる。しかし，注意しなければならないのは，これまでも様々な疾患が摂食障害との類縁を指摘されてきたことである。最初に着目されたのは精神病との類縁であった。これはブルック Bruch, H. などが指摘したところである。その後，境界例や強迫スペクトラム障害などとの関連が着目されるようになった。それが最近は PDD に移ってきた，ということである。摂食障害は基本的に行動上の問題なので様々な障害と重なり合う余地がある。

最後に，症例の治療について述べたい。この治療は，マネージメント中心で行われている。マネージメントを続けることにはバラバラのものをまとめていくという重要な役割がある。そのために，治療者は，精神療法家として機能するよりも精神科医として機能することを心掛け，常に治療全

体を見るように心がけ，身体管理などにも関与していった（その一方で，転移などは，治療の妨げにならない限り，指摘しないようにした）。K はマネージメントのもとで（広義の「抱えること holding」のもとで）統合へと成長することが出来た，と言い得るだろう。

また，プロセスの中で展開した状況を退行と捉えることは可能であり，そのように捉えることは退行論の新たな理解を拓くことになると思うが，その点については，別の機会に論じたい。

心身症治療の難しさと問題点は，ウィニコットも指摘するように，患者は多重的に分裂を用いてくる点にある。特に医療側の分裂を活用するので，マネージメントを行う治療者は，常に全体を見渡す視点が必要となる（言い換えるとリフレクティヴな視点を持つことが重要である）。さらに，どのように展開するか分からない状況を耐える能力が前提となるだろう。また，一貫性と共に柔軟性も重要であろう。

しかし，言い方を変えるならば，これはある種の育て直しであり，患者がそれなりの統合を果たすためには，莫大な時間と労力が必要となる。これは患者にとっても，治療者にとっても大きな負担となることに留意する必要があるだろう。つまり，育て甲斐はあるかもしれないが，費用対効果 cost performance の良い治療とは言えないという点で，実験的な治療と言わざるを得ないかもしれない。

精神と身体の早期発達において，もっとも重要なのは，精神と身体の相互作用であり，この相互作用があれば，精神と身体は統合される方向に進む。この相互作用が阻害された場合，様々な心身症が展開することになる。その一方で，心身症が展開することで，それ以上の問題（精神病）が起こることが阻止されることもある。

第3部　遊ぶこと，自発性

8 コミックとしての世界

　コミックは常に二重であり，かのような as if 的であり，受け取り方によって意味が異なってくるものである。大真面目に行われていることでも，見方を変えることによって馬鹿げて見えることはしばしばあることである。そのようなことは日常に溢れ返っていると言えるだろう。
　その中でも，分析家（治療者）と患者が二人で行っている作業は，何も知らない他人から見たなら，全くわけのわからない行動ということになるかもしれない。と言うのは，大の大人二人が密室に閉じこもって，一人はカウチに横になり，もう一人は相手から見えないところに座って，相手の語るごくプライベートな話に耳を傾けているからである。しかも，大真面目で話していても，自由連想はある種の脱構築なので，常に予想外の素材の出現によって，連想は滑っていくものであり，言い間違いが起こったり，話が脱線したりしていくことになる。分析によって，被分析者の権威が高められるということはないだろう。ボラスが書いている小説では，主人公は明らかに作者の分身である分析家であるが，分析家の日常に起こり得るありふれた出来事が次から次へと起こり，分析家はそうした出来事に巻き込まれ，困惑し，混乱し，考え込んだり，知人と議論したりするのだが，彼が大真面目にすればするほど，その姿はおかしさを増してくる。
　そこで，アンデルセン童話として有名な「王様は裸だ」，ということもあるわけだが，これは笑われる王様にとっては悲劇なのだが，王様も苦笑いするしかない。どうして王様は苦笑いするしかないのだろうか？　これと似たような話はいくらでもあり，世界中の寓話を探せば類例はいくらでも見つかるのだが，それらはいずれも笑いを誘うものである。こうした寓

話は，人間は自分のことを知りたがらない，という話としても，人間にとって体裁を整えることやプライドを守ることが如何に大事か，という話としても，理解されるが，人間の様々な行動が，傍から見るといかにおかしいかという意味で，世界が見方によってはコミックであることをあらわしている。エディプスだって，バカなことを真剣にやっている，とも言える。本当にエディプスは自分が父親を殺し，母親と交わったことを知らなかったのだろうか？　神託や呪いについて，真面目に考えれば，分からない筈はないのに，何で知らないふりをして，あんなにも大げさに犯人捜しをするのか？　言ってしまってから，「しまった」とは思わなかったのだろうか？　そんなことをしてエディプスは何を守ろうとしたのだろうか？　王の権威なのか，プライドなのか，自分の失態が露見することなのか？　これらのことから分かることは，ただ単に，子どもの目で大人の行動を見たからおかしいのではないということである。しかし，おかしなことをしているのは王様だけではなく，笑っている私たちがまた別の機会には笑われるかもしれない。王様は裸だ，と指摘した子どもにしても，どこかで自分が笑われる番が降りかからないとは限らない。喜劇が悲劇となり，また悲劇が喜劇となる。つまるところコミックは人生の真実である，ということになるのだろう。

　フロイトは，『機知』や『日常生活の精神病理学』の中で，「冗談の仕事 joke work」を唱えている。しかし，冗談の仕事は，余りにもメカニズムが複雑で，全てを説明しきれていない印象を与える。それに比べれば，「夢の仕事 dream work」の方がまだ単純かもしれない。夢の仕事においても，しばしば現実世界が転倒され，自分の間抜けな行動があからさまになる。私たちは自分の夢をコントロールすることは出来ない。夢では，私たちは一人の間抜けに過ぎない。自分の無意識が自分を笑いものにしているのである。ユーモアのセンスがないと夢は楽しめない。そこで，自分の間抜けな行動や失敗を笑えないとどうなるだろうか？　現実の場面では，しばしばちょっとしたタイミングや状況を弁えないことで，「白ける」と言われたり，「空気が読めない」と言われたりすることが起こるのだが，子どもが学校でそのように思われたなら，悲劇が生まれる。私たちは常に，そこそこ笑われるように，それでいて本当に笑われることはないように注

意を払っておく必要がある。舞台で失敗したお笑い芸人は救えないように，喜劇は死と隣り合わせである。もっとも，ブラック・ユーモアでは，そのこともまた笑いのネタにしてしまうのであるが。

ところで，現在の日本では，テレビを点ければ，朝から晩までバラエティなどのお笑い番組で満ち溢れている。しかし，私たちは，他人のことを笑ってなどいられるのだろうか？　笑われている人はたいてい悲劇の中に居るのだから，笑うより同情すべきではないのか？　他人を笑えば，次は自分が笑われるかもしれない。なのに，どうして私たちはお笑いを楽しむのか？

お笑い番組では色々なものが笑いの対象となるが，一番わかりやすい笑いは母親と赤ん坊の関係のアナロジーであろう。二人でやる漫才やコントには通常ボケと突っ込みが存在する（もちろん，その役割が途中で交代することもあり得る）が，こんなことも分からないでボケているのは赤ん坊であり，それを「こんなことも分からないの？　困ったわね」と母親が突っ込むのである。赤ん坊は何も知らずに生まれてきたのだから，分からなくて困ることは，現実の親子関係でしょっちゅう起こっていることであるが，逆に母親が余りにも大真面目に赤ん坊が出来ないことをやり玉に挙げて怒っていたなら，赤ん坊は立つ瀬がなくなる。そこで，「あんたって本当に馬鹿ね」とか言いながら，赤ん坊の行動を笑い，二人でそれを笑いの種にするのが「ほど良い母親」であり，真面目一本やりではほど良い good enough とは言えないのである。赤ん坊の方だって，何遍も笑いものになっているうちに，母親の手口は分かるようになるだろうし，笑いものになるようなことをあえて選んで行うのが，「ほど良い赤ん坊」だろう。そして，そうやって笑いものになることで，親子関係は穏やかなものになるだろうし，笑いものになった赤ん坊は，今度は別の誰かを笑いものにしようと，虎視眈々と待ち構えている。

普通の赤ん坊にとって最初の他者は母親である。ただ，ウィニコットが『子どもの発達における母親と家族の鏡としての役割』の中で述べているように，赤ん坊は母親の顔を通して自分を見ているのだとしたら，最初の他者は赤ん坊自身ということになる。母親が赤ん坊を相手に色々と演じているのは，赤ん坊の姿を赤ん坊自身に伝える試みと言えないだろうか？　母親は赤ん坊を「扱う handling」のであるが，この言葉は「あやす」と

訳す方が適切なのかもしれない。Handling とは，ただ単に取り扱うのではなく，ふざけたり，冗談を言ったり，遊んだりすることだということがわかる。私たちは，自分たちの他者性を，母親との最初の交流を通して知ることになるだろう。

　そこでどんなことが起こるかは，子育てをしている母親を観察してみればすぐわかることである。赤ん坊と母親はどうしようもなく不平等である。子どもとふざけて，笑わせようとするのは母親である。その時に母親がしばしば用いるのが誇張した表現であり，歪められた表情である。あるいはわざと間違ったり，子どもの真似をしてみたり，「イナイイナイバア」のように一瞬姿を隠して驚かして，またあらわれたり，母親は色々なことを行っている。そうしてもらうことで，赤ん坊はとても喜ぶのだが，それと同時に，赤ん坊は，「こんなことも知らないの」とバカにされることになる。母親は何故わざと誇張した表情をしたり，顔を歪めたりするのだろうか？　子どもが喜ぶから？　でも，母親はそうしたことをどこから学んだのだろうか？　自分自身が赤ん坊のとき，自分の母親にやってもらったことを記憶しているのだろうか？　最も確からしいのは，母親は赤ん坊の表情を真似している，ということである。実際赤ん坊の顔はぐちゃぐちゃなのが普通である。

　赤ん坊の相手をしている母親は母親でありながら，ときに赤ん坊になったりもする。そうすることで，母親は赤ん坊に，図らずも，全ての物事の二重性を伝えている。このことと移行対象や遊ぶことに見られる二重性とはつながる。移行対象では，赤ん坊はそれを発見するとともに創造する。主体は赤ん坊に移行している。子育ての中で，ユーモアはかなり重要なエレメントである。ボラスは「ユーモアの感覚は自己の感覚に先行する」と述べている。赤ん坊は，母親のユーモアを通して母親の心が存在することを知る。赤ん坊は，母親が自分とは別個の心を有していることを知る。ここでは冗談が分かるかどうかはとても重要である。何でも言葉通りに受け取ってしまう子どもは，冗談を理解することが出来ない。それ故，自閉症の子は冗談が分からないと言われる。

　私たちが道化師を見るのは精々サーカスくらいだが，道化師の恰好と言えば，赤ん坊が着るような派手でだぶだぶの服を着て，帽子を被り，鼻を

真っ赤にしているのである。これは赤ん坊の姿を誇張したものとして見ることが出来る。赤ん坊の愛らしい（？）姿，見方によってはおかしげな姿は，見るもの誰しもを嬉しがらせるだろう。誰もが赤ん坊のことなら知っている。それ故，コメディ俳優は，取りあえず赤ん坊の真似をすれば何とかなる，という面がある。

　ある男性患者Nは，うつ病になって無気力となり，仕事が出来なくなった，ということでセラピーに来た。しかし，Nは，最初のセッションから治療者を怒鳴りまくっていた。Nによると，自分がうつ病になったのは，会社の所為で，自分の意向に反して会社が配転をしたのが問題だった。Nは，自分は正当な主張をしていると語り，全ての責任は会社側にある，と言い張った。セッションの中でNは，会社に対する文句を怒鳴り続けたが，それは治療者に向けられた。Nが治療者に怒鳴るのは，治療者が必要なアドバイスをくれないで，ただ黙って話を聴いているから，というのがNの主張だった。それに対して治療者は何かもやもやとした気分になったが，言い返すととんでもないことになりそうで黙ってきいていた。Nはセッション中怒鳴りまくっていたのだが，だからといってセッションを休んだりすることはなく，面接終了時間が来ると，怒りを持ちこしたりはせずに，大人しく帰っていくのだった。この患者でもう一つ興味深いことは，自分は子ども時代の記憶を全く思い返すことが出来ない，と繰り返し語っていたことだった。治療者がNに向かって，おそらく子ども時代に外傷的な扱いを受けていたので，その当時のことを思い出すことが苦痛なのでしょうね，とコメントしても，そのコメントさえもNの怒鳴り声にかき消されがちで，セッションの中では，治療者は麻痺したように，ただ，Nの怒鳴り声を，いつもの如くに聴いていた。しかし，スーパーヴィジョンの場などでは，治療者はとんでもない苦行を自らに課しているのではないかと指摘され続けており，そのことがこの患者の治療を何とか持ちこたえさせていたのだと思われる。

　転機が訪れたのは，いつものように怒鳴りながら，Nが「お前なんか大嫌いだ」と二度叫んだときだった。治療者は，この発言が何時も怒

鳴っているときのNとは違っていると感じた。何かおかしさがこみ上げてきたのである。それで治療者は，そのことを指摘した。患者は一瞬ひるんでから，自分はお母さんを治療者に見ているかもしれない（治療者は男性である）と語った。その後，Nは，子ども時代に，直接親に文句を言ったりしたら，ますます相手にされないのではないか，と思い，不安だったことを連想した。やがてNはセッション中に怒鳴ることはなくなり，それに応じて，過去の記憶が少しずつ想起されるようになった。Nは，過去の経験を想起することが余りにも激しい痛みを引き起こすために，そこから目を背けていたこと，しかし，怒りだけはどうしようもなく噴出してしまっていたことを理解するようになった。

　ここに引用したのは，良くありがちな治療関係の一コマである。これを引用したのは，患者がセッション中に怒鳴っていることに対して，治療者も患者も全く疑問を感じなくなっていることを，例示するためである。しかしそれを傍から見たならば，笑わずにいられないようなとても奇妙な関係が展開しているように思えるだろう。言うまでもないことであるが，治療関係は現実の関係でありながら，現実の関係ではない二重の関係である。そうであるからこそ治療は有用なのだが，それは母子関係と同じことであり，コミックでも同じように展開することなのである。ここで水を掛け過ぎると，関係は現実的過ぎるものとなるだろうし，反対に掛けなさすぎるとリアリティを失うことになる。私たちは，現実と虚構の本当に微妙なバランスを生きていることを思い知らされる。このとき，治療者もこれが現実でありつつ現実ではないことを知りながら，患者に対応しなければならない。治療者は治療関係を抱えているのである。
　笑いには攻撃性が含まれている。というよりも，笑いはそもそも攻撃性を緩和するものである。お笑いでも，言葉通りに取るならそのままで聞き過ごすわけには行かないことが平気で語られる。笑いものにしたりバカにしたりするのは常套的なことである。一方，笑われた方は，「裸の王様」と同じで，笑って誤魔化すしかないのである。笑いに攻撃的要素を織り交ぜるのは，母親の得意技である。母親と赤ん坊は本質的に対等ではない。赤ん坊は母親に，現実への手ほどきをしてもらう。赤ん坊は，母親から，

他人には心があると言うことも、世界は歪みと矛盾に満ちている、ということも、万能的には生きられないということも、ユーモアも、そういった諸々のことを母親から教えてもらうのである。母親が、ほど良い母親であれば、ほど良い母親とは子どもを適度に傷つける母親であることも、母親を通して、子どもは知るのである。

　母親は子守唄を子どもに歌って聞かせるが、子守唄には攻撃性が隠されているのは有名な話である。『マザー・グース』に収録されている童謡 nursery rhymes が良い例であると思うが、攻撃性は上手に隠されている（しかし、あえて露わにすることでその破壊性を弱めるということもときになされるのである）。子守唄には色々なものがあるが、代表的な子守唄として、西欧では有名な、『眠れ、良い子よ』では、その歌詞で、「木の枝の上にある揺りかごが揺れて、木から落っこちてしまうだろう」と歌われる。もっと近代的な子守唄であると、そういった攻撃性はすっかり影を潜めてしまっているが、古い子守唄は、温かみのある声でお前なんか落っこちて死ぬだろうなどと歌うのである。つまり、日本のものでも西欧のものでも、二重のメッセージが伝えられており、一面では喪失と攻撃性に満ち溢れている。このような子守唄は赤ん坊の誇大性を傷つけることになるのだが、そうすることで潜在的なトラウマから赤ん坊を守るという側面があるのである。母親は、そうやって生と死の弁証法の緩和を目指しているということが出来るかもしれない。

　精神分析とは、傷つける/傷つくものである。私たちは、それを楽しむことは出来るのだろうか？　しかし、人生とはそういうものである。こういう構造を提供する治療者に、ユーモアのセンスは不可欠だろう。ユーモアのセンスがなければ、人生の痛みはもっと耐えがたいものになってしまうだろう。先ほどの症例 M でもそうであるように、このセンスがあるから、痛みも必要なものであることに、私たちは気付くことが出来る。ユーモアのセンスは全ての既成概念を打ち砕く。ユーモアのセンスは人間が生き延びるのに必須のものであると言えるだろう。

　こうして、私たちはコミックの世界を生きている。また、そうして生きる方法を私たちは母親から教わっている。私たちは遊ぶことも母親から教わっているのである。そうして教わった方法を、私たちはまた誰かに伝達

していくだろう。ユーモアのセンスは，私たちの起源と関係すると言うことが出来るだろう。裏を返せば，コミックには相手が必要だということでもある[注31]。相手に伝わらない冗談は，本人にとっては面白いつもりでも，悪ふざけになってしまう。これはセラピーでも同じである。患者の中には「遊ぶこと」を誤解している人も居る。

ある20代の男性会社員Tは，酔った勢いで，夜中にロッカールームの中にスプレーを撒いた。Tとしては，翌日同僚が出勤してきたときに，ちょっとびっくりさせようというくらいの意図であった。しかし，これは大問題を巻き起こした。警察沙汰にすべきかどうかが議論され，結局，職場内のことなので，訴えないことになったものの，厳重注意の張り紙が出された。しかし，犯人探しはなされなかった。Tは，こんなことは学生時代に運動部ではいくらでもあったことなのに，とセッションの中で息巻き，治療者にも共感することを求めたが，治療者が，ちょっと悪ふざけが過ぎるのでは，とコメントすると，誰も自分のことを分かってくれない，と怒り出し，その後の数セッションを欠席することでTなりの抗議の意思表示を行った。

世界をコミックとして見ることは，テレビ番組や漫才などにも通じ，悪ふざけやバカ騒ぎと結びつく面もある。そういった番組は，興味を持って臨めば面白いのだが，そうでなければ，何の意味もなかったり，ひどく悲惨だったりする話である。しかし，そうやって私たちはこの世界を生きている。コミックの本質は案外深遠であり，あらゆる文化的な営為につながっていくのである。

注31) 私たちは全くのナンセンスも楽しむことが出来るのだが，相手のあるやり取りがあって初めて，そうでなナンセンスの意味も生きて来るのであり，それを楽しめる，ということであろう。

9 遊ぶことの論理

『遊ぶことと現実』

　ウィニコットの遊ぶことの理論は舌圧子ゲーム spatula game の観察から始まるが，舌圧子を用意し，それを赤ん坊が手の届きやすいところに置くのはウィニコットであり，子どもはいきなり一人で遊ぶことは出来ない。最初の遊びは母子間のやり取りの中で起こる。母親が子どもに遊ぶことを教え，子どもは他の子どもの遊びも観察してそれを真似，そこから少しずつ遊ぶことの範囲が広がっていく，ということが出来るだろう。もっとも，最近の生物学の調査研究では，サルなどの動物でも遊ぶし，ペットとして飼われているイヌなども（彼らがどのような体験をしているのかを直接聞くことは出来ないのであくまで推測であるが）遊んでいる。
　ウィニコットの遊ぶことの理論はとても有名である。それらは初期の論文から，晩年のものにまで及んでいるが，『遊ぶことと現実』に収録されている諸論文は特にそのテーマについて扱っている。ここでは先ず，この本の要点をまとめてみることで，彼の遊ぶことの理論を概観しようと思う。ウィニコットがこの本で述べていることは，たいへん想像力に富むものであり，それ自体が詩のようなものなのだが，それは彼がここで遊ぶことを実践しているからであろう。

　序論で述べられているのは，ほとんど移行対象のことである。遊ぶこと＝移行対象と言っても良いことが，そして，そのどちらもが二重であり，パラドックスが含まれることが述べられている。『遊ぶことと現実』がこの

世の中のパラドキシカルな有様について述べようとしたものであることが分かる。

第3章『遊ぶこと：理論的陳述』では，遊ぶことの様々な側面が論じられている。彼は，自分が言いたいことは単純なので，主題を言い尽くすのに多くの言葉を必要としないことに気づく，と言う。そして，その冒頭で，「精神療法は二つの遊ぶことの領域，つまり，患者の領域と治療者の領域が重なり合うことで成立する。精神療法は，一緒に遊んでいる二人に関係するものである。以上のことの当然の帰結として，遊ぶことが起こりえない場合に，治療者のなすべき作業は，患者を遊べない状態から，遊べる状態へと導くよう努力することである。」と続けている。

彼は，これまでの精神分析では，遊ぶことをマスターベーションに結び付けて考え過ぎていた，と述べており，また，成人でも遊ぶことや，クライン派に対する批判として，クライン派は遊びの内容の分析ばかりしていて，遊ぶことを見ていないこと，などを述べている。そして，遊ぶことは内側にあるのでも外側にあるのでもなく，可能性空間（潜在空間）にあること，遊ぶことこそ普遍的であること，遊ぶことは成長を促進し，健康を増進すること，遊ぶことはコミュニケーションの一形態となり得ること，などが述べられている。

ウィニコットは，遊びを発達論的に以下のようにまとめている。

A. 赤ん坊と対象は互いに融合している。
B. 次に対象は拒絶され，再び受け入れられ，客観的に知覚される。
中間の遊び場として可能性空間がある。遊びは楽しいものだが，それには本来的に，本能は含まれていない（すなわち，遊びはリビドーや破壊性の外側にあり，自我と関わるものである）。
C. 誰かと一緒にいて，一人になること。
その誰かはリフレクト（反射・反映・熟考）してくれる存在である。
D. 二つの遊びの領域が重なり合うこと。

彼はまた赤ん坊と最初に遊ぶのは母親だが，母親はしばしば侵入的になる危険性のあることも述べられている。

ここから，精神療法のテーマに転じるが，精神療法では，他者同士で遊ぶことが重なり合うのだが，遊ぶことはそれ自体で治療的である，とウィニコットは述べている。また，ゲーム（によって組織化すること）は，遊ぶことを脅かす側面の機先を制しようというものである，と彼は述べ，遊ぶことは常に創造的な体験であり，遊ぶことが不確かなのは，常に主観的なものと客観的なものとの間にあるからである，と述べている。また，ウィニコットは，子どもの遊ぶことの中にすべてのものがある，と主張するが，治療の中で，子どもは自分自身を突然発見する（The child surprises himself/herself.）のだと言う。それ以外にも，子どもに遊ぶ能力がないとき，解釈は混乱を招くだけであること，相互で遊ぶことがあるときに，解釈は治療を前進させるためにあるのであり，遊ぶことは自発的でないといけない，決して盲従的，迎合的であってはならないことが述べられている。

　第4章『遊ぶこと：創造活動と自己の探求』では，遊ぶことにおける自我の探求の側面と，創造性との関連について述べられている。ウィニコットは，遊ぶことにおいてのみ，子どもも大人も自由に創造できる，と述べ，遊ぶことと移行対象の理論を結び付けている。彼は，治療とは，患者の遊びの領域と，治療者のものとを重ね合わせることである，と語り，自己の探求に関して，芸術の場合と治療の場合を比較している。自己の探求は，バラバラで無定形であることが前提となる。一方芸術家の場合には，作品を完成させても，基底に横たわる自己感覚の欠如をいやすことにはならない，との主張がなされている。また，治療の場合には，設定 setting が重要であるが，自由連想が出来るようになるためには，本当にリラックス出来る必要があり，そのためには環境に対する信頼が必要である。言い換えると，自由連想が出来るためには，無意味で居られる必要があり，その中で「私であるＩ ＡＭ」ことが出来れば，その地点から創造的になれる，との主張がなされる。ここでウィニコットは臨床例を提示しているが，この患者は本当の自己に到達するために，長時間のセッションを必要としていた女性患者である。

　その際に注意すべきことは，患者の解釈を治療者が奪ってしまうことである。というのは，「探し求めていたのは他ならないあなた自身だった」

からであるとウィニコットは述べ，自分が興味を持ったのは，質問の内容ではなく，質問をすることそれ自体だと続けている。彼は，「人は，捜し求める事柄と同様，質問からも，自分というものの実存を仮定できるのです」と述べているが，それまで問うことが出来なかった人が，質問できるようになること自体が一つの達成であり，質問を通して連想が広がっていくことは，「終わりのない質問」というボラスの主張にも通じるものと考えられる。

　以上をまとめて，ウィニコットは，遊ぶことは移行領域に属するが，それは主観性と客観性が織り交ざったところである，という意味であり，外的現実と内的現実の中間領域においてのみ，無定形な体験と創造衝動に対して機会を与えていくことが出来る，と語っている。

舌圧子ゲーム

　ウィニコットによる舌圧子ゲームの記述は，小児科の外来診察室での観察をもとにしている。診察室に連れて来られて，母親の膝に抱かれた赤ん坊は，キラキラ光る舌圧子に注意を引かれるのだが，通常，赤ん坊は一旦目を逸らす。これを躊躇いの時期 period of hesitation と呼ぶが，その時期を経て，二度目に顔を向けた時はすでに涎を垂らしており，舌圧子を手に取って母親に食べさせようとごっこ遊びを始める，というものである。
　この舌圧子ゲームの記述は，様々な連想を掻き立てるものであり，本当に興味深いが，その中でもっとも注目されるのは躊躇いの時期であろう。子どもは舌圧子を目にしてそれに魅惑されても，それをいきなり手に取って遊んだりはしない。子どもは一瞬目を逸らし，再びそちらに向き直ったときには，すでに涎を垂らしている，というのがウィニコットの観察であるが，そうやって一瞬躊躇っている間に，想像が膨らんでいる，ということである。舌圧子はスプーンなどの食べさせる道具に似ているので，そこから食べさせるごっこ遊びを連想することは自然な流れである。遊ぶことは二人の人の間で起こることだが，それではこの子どもは誰との間で遊ぶことの想像を膨らませているのだろうか？　赤ん坊を抱っこしている現実の母親は，未だ遊ぶことには参与していないので，子どもの相手は想像の

中のもう一人の自分（おそらくは母親を内在化させたもの）なのだろう。舌圧子ゲームはごっこ遊びであり，子どもは（母親との間で）食べさせるごっこ遊びに興じるのであるが，子どもはごっこ遊びができる段階にまで発達していることは必要であろう。ところで，食べさせる/食べる，という関係は，母子関係では容易に衝突の火種になりやすい領域（これをフード・バトル Food battle と呼ぶ）である。このフード・バトルにおいては，母親と子どもの不平等さが露呈するだろう，というのは通常の食卓では，食べさせるのは母親であり，子どもは一方的に食べさせられる，食べさせてもらうだけだからである。子どもが食べたい場合はあまり問題はないだろうが，食べたくなくても無理やり食べさせられる，ということが起こりうる。もっとも，子どもは食べないことで母親に抵抗することは可能である。しかし，この舌圧子ゲームでは立場は逆転する。たとえ全ての遊びは本質的にごっこ遊びであるとしても，フード・バトルという形でもっとも葛藤を起こしやすい場面でごっこ遊びをしようとするのは，大変興味深い。どんなゲームでもそうであるように，遊ぶことは攻撃性を緩和する効果があるからである。

　もちろん，ごっこ遊びであるとしても，こうした遊びが出来るためには，現実と空想の二重性が必要であること，遊びを支える枠組みが必要なこと，環境が遊び（の場）を提供していること，などを弁えて置くことが必要であることは言うまでもない。遊ぶことには設定が必要であり，この場合はそれを治療者が提供しているのである。

精神分析過程の中で遊ぶことはどのように捉らえられて来たのか

　子どもを対象として，最初にプレイ・セラピーを導入したのは，フーク・ヘルムート Hug Helmut だと言われている。また，初期の子どもの治療に関しては，フェレンツィもいくつかの論文を発表している。その後，クラインやアンナ・フロイトを中心にプレイ・セラピーは展開していったが，子どもの遊びに関する観察で白眉となっているのは，フロイトによる孫エルンストの糸巻き遊びの観察であり，これは『快原理の彼岸』に記されている。それによると，エルンストは母親のゾフィーが不在の折，フォルト・

ダー Fort-Da と言いながら、糸を結び付けた糸巻きを、目の届かないところまで投げては、糸を引き寄せて、それを再現させる遊びを何遍も繰り返していた。そこから、フロイトは、反復強迫 repetition compulsion を論じ、それを死の本能論へと結び付けている。彼は、糸巻き遊びは母親の不在を象徴的に再現するものであり、それが苦痛である筈なのに子どもは何遍も繰り返すということから、人間には本人の気づかないうちに、苦痛な体験や人間関係を繰り返す側面があると考えて、これを反復強迫と呼んだ。そしてその背後には、死の本能があって、生命体を生命のない状態へと引き戻そうとしていると論じ、マゾヒズム傾向や、陰性治療反応などと並べて、死の本能が実在することの例証としている。

　糸巻き遊びに関しては、他の理解も成り立つ。例えば、エルンストは糸巻きを目の届かないところに投げてそこから引き寄せることによって、母親の不在と再現のストーリーを展開させているのだが、これは母親の不在を克服しようとする努力ではないか、という見方が成り立つ。反対に、母親を象徴する糸巻きを放り投げて視界から消すことによって、母親に飲み込まれるのではないかという不安を消そうとしている、という理解も成り立つ。後に、ラカンはこの素材を用いて、象徴界 the Symbolic、想像界 the Imaginary の次元の違いを論じている。彼が着目したのは、エルンストが「それ Fort」と言って糸巻きを投げ、オーオーオーと声を上げながら糸を引き、糸巻きが手元に戻ったとき、少し躊躇った後、「あった Da」と喜びの声を上げることである。ここでラカンは、Fort-Da は普通の言葉であり、象徴界に属するものであるが、一方でオーオーオーという唸り声はむしろ言葉以前の叫び声であり、想像界に属するものである、と論じている。

　ウィニコットの遊ぶことの理論は、遊ぶことと精神療法を重ね合わせたものとして、画期的なものである。その後の遊ぶことの理論は、ウィニコットの考えをベースに展開している。遊ぶことには様々な側面があるが、それらの論点の一つは、遊ぶことは真剣に行われるべきものであり、そうでないと面白くないし、かえって危険を伴うかもしれない、というものである。その点に関して、パーソンズ Parsons, M. は、自分が空手を学んだ経験から、遊ぶことと心理療法を武道に擬えている。彼は心理療法は単な

る遊びではなく，むしろゲームに近い，という指摘をしている。つまり，どういうことかと言うと，ゲームはルールが決まっており，結果が決まっているというのである。これは，どういう結果が出るか決まっているという意味ではなく，ゲームと同じようにどのようなタイプの結果が出るかが決まっている，ということである。

　別の論点として，遊ぶことは現実であって，現実ではない，つまり，パラドックスなので楽しめるし面白い，ということがある。もし，私たちが本当に殺し合っていたら，生きた心地はしないだろうが，これは遊びだと思えるからこそ，そうではあっても真剣勝負であると思うからこそ，本気で楽しむことが出来るのである。また，そこから逆に，遊ぶことを通して，私たちは現実を見直すことも出来るだろう。遊ぶことを，パラドックス的な現実の理解へと結びつけていくことが出来るかもしれない。そもそもパラドックスとは，

> この中に書かれていることは嘘です

というようなものである。現代の論理学では，パラドックスの論理構造は，厳密にはこのように単純なものではないことが指摘されている。しかし，これは私たちの実感に近いものである。つまり，これは，嘘か本当かを決めかねる事態に陥るのであるが，このようなことは転移などによって，私たちが経験することに近いと言えるだろう。また，この場合にも枠があるのだが，常にフレームの重要性を忘れてはならないだろう。心理療法でも，フレームは重要である。

　ところで，転移は真実と錯覚とが混ざり合ったものであり，両者を弁別することは不可能であるが，そもそも一人では遊ぶことは出来ない。遊ぶことは本来的に間主観的である（一人遊びというものはあるが，それは想像の中での他者，すなわちもう一人の自分と遊んでいるのであり，本当に一人である場合は，遊ぶことは出来ないだろう。コミックが相手を必要とするのと同じことである）。私たちは，最初は母親から遊ぶことに誘われ，遊ぶことの中で間主観的な経験を踏み出すことになる。その後の人生は，この間主観的な経験を広げたものと言うことが出来るだろう。治療が展開

するのも，遊ぶことの中においてである。

　遊ぶことには退行的側面があり，遊びに伴う興奮があるが，これを通して，現実の（前の章で触れたような）コミックな側面も，悲劇的な側面を多少なりとも緩和していくことが出来るのである。遊ぶことは奥が深い。

　最後に改めてウィニコットの言葉，「精神分析の目的は，遊べない人を遊べるようにすることである」を繰り返しておきたい。

10 自由連想することの意義

自由連想とは何か？

　自由連想 free association は，精神分析の根幹を構成している方法である。しかし，それが実際にはどのような作業なのかに関しては，論議すべき点が多いように思われる。
　自由連想法とは何をすることなのか，ということに関しては，フロイトが様々なところで書いている。代表的な例としては，

> 「例えば，あなたが客車の中で窓の直ぐ横に座っているとして，客車の中の誰かに，自分が眺めている外の変化する景色を描写する心算で振舞いなさい。」
> 　　　　　　　　　　　　（Freud:『分析治療の開始について』）

という列車の比喩が有名である。もう少し詳しく，この方法が描写されているものとしては，

> 「この治療は，注意深く冷静な自己観察者の位置にいて，どんなときでも，自分の意識の表面に浮かんだものをただ読み上げるように，と患者に要請することから始まる。そして，患者はまた，一方で完全に正直であることを義務としなければならないのだが，同時に，どんな観念でも，たとえそれが（1）余りにも納得のいかないものだと思えても，（2）意味が無いものと判断したとしても，（3）余りにも重要性がないと思えても，あるいは（4）探し求めているものと無関係に思えても，言うことを差し控えてはならないのである。これらの最後に述べられた反応を引き起こす諸観念こそまさに，忘れ去られた素材を発見する上で，特別の価値があることは，いつも変わることなく見出されることである。」

（Freud:『「精神分析」と「リビード理論」』）

といったものがあり，より具体的なやり方を知ることが出来る。フロイト自身，特別なことを連想することは求めていない。彼が求めているのは，無意識の連鎖を大事にすることである。一方，自由連想においては，傾聴する治療者の側の態度も重要であり，そのことに関してフロイトは，

「経験から直ぐに分かってきたことは，精神分析医が取ることができる態度の中でもっとも有利なものは，自分自身の無意識に身を任せ，平等に漂う注意の中にあることであり，可能な限り熟考することを避け，意識的な期待によって構成することも避け，何であれ聞いたものに記憶を留めることなく，こうすることによって自分の無意識で患者の漂う無意識を捕まえる，というものであった。」
（Freud:『分析医に対する分析治療上の注意』）

であるとか，

「私は，あらゆることを勘案してみても結局のところ，『偶然に過ぎない』と我々には思える，意識的な目的を諦めるように，患者ばかりでなく，医師に対しても期待することが過大であることを知っている。しかしながら，自分の理論的原則に信念を持つことを決心し，結びつきを確立するために無意識が指示するものに反論しないように自分自身で決意したならば，いつでも良い結果が生まれるであろうことを，私は確信している。」
（Freud:『精神分析技法中における夢解釈の使用』）

などと述べている。

これらのフロイトの指示に従うならば，思い浮かんだことをただ浮かんだままに話す被分析者と，それに対して「平等に漂う注意」の中で，患者の語ることを傾聴する分析家がいる，ということになる。平等に漂う注意の中で傾聴する，ということでフロイトが考えていたことは，分析家自身が自分の無意識に身を任せることである，と言われている。しかし，このフロイトの指示に全面的に従うことは，患者にとっても，分析家にとっても，現実には実現困難なものであろう。フロイトは，どうしてこのような指示を提示したのだろうか？　もちろん，自分自身の経験がもとになって

いることは間違いない。フロイト自身が自由連想をした経験は、フリースを相手としたものであり、直接会って連想したわけではなく、夢分析を元に手紙を介したものであったことは良く知られている。現在残されているフリースへの手紙を読めば、（フリースがそれらをどのように受け取ったにせよ）フロイトの連想は溢れ出てくるようなものであり、フロイトが話したくて仕方ないことが伝わってくる。また、その際に、本筋とは関係ないと思えることが重要な意味を持っているという指示なども、フロイトは自分自身で体験しているのだから、患者に対する上述の指示は、納得できるものである。しかし、これは誰にでも当てはまることなのだろうか？

　一方フロイトは、フリースに対して、思いついたことを全て話しているのではなく、明らかに話したいことを話しているようである。被分析者は、話したいことを話せばよいのだろうか？　現実に私たちが経験するのは、患者は当初は抵抗を示すとしても、やがて話したくなって、どんどん自分のことを話し出すということである。これは、私たちが本当のところは二者関係を生きていること（その原点は、母親との関係に遡ることが出来るだろう）を示しているのだと思う。分析家はどうして（少なくとも当初は）余り良く知りもしない他人でありながら、患者の話に耳を傾けることが出来るのだろうか？　それは、私たちも二者関係を生きているからに他ならない。また、だからこそ患者は何を話しても良いのであり、性急さが避けられるのは、「そんなことは分かっているわよ」と語る母親にならないためであろう。

　一方、『ヒステリー研究』において、フロイトの性急に連想を求める態度を、患者が窘めたというのも有名な話であり、分析家も自分の連想に身を任せるしかない、という結論に至ったことも頷けることである。

　ところで、精神分析臨床では、具体的にどう指示するかということに関して、これまでにも様々な工夫がなされてきた。その一つの結果としてまとめられたのが、精神分析の古典的技法である。古典的技法とは、こういうものである、という一般化がなされているわけではないが、その要点はだいたい以下のようにまとめられるだろう。「探索すべき内容は患者の心の中にあり、自由連想はそれを探索する技法である。治療者は患者に、自由連想するように指示し、分析家はそれを映し出す鏡となるべきである。

しかし，それらは抑圧されており，意識化することに対して抵抗がある。抵抗を理解し，それを解釈して克服するためには，患者の語ることに万遍なく注意を向けるべきである」というものである。

　しかし，こうした自由連想の前提として，一方で患者に思い浮かんだことを話すように「命令」して，同時に無意識的の活動に身を任せてその話を聞くことなどが出来るのだろうか？　このようなことから，自由連想には，明示されていないいくつかの前提があった，ということが今日指摘されている。例えば，ホフマン Hoffman, I. は，古典理論では，患者の心はすでに確立した独立したものとして存在し，分析家は患者の心には影響を与えないことを前提としている，などと指摘している。

　実際には，思い浮かんだことを全て思い浮かんだままに話すことは出来ない。これは，私たちが少し実験してみれば分かることで，無意識の連想は，次から次へと浮かんでくるので，被分析者は，思い浮かんだことを全て話すことなどは不可能であり，何かを選択しなければならないのである。そういうことから，現代の精神分析では，何でも話したいと思うことを話すように，と指示することが一般的になっている。また，分析家の作業についても，上記のフロイトの指示は，平等に漂う注意の中で，患者の語ることに耳を傾ける，ということであったが，その点に関しては，最近は，分析家自身が自分の無意識の活動に身を任せて，患者の連想に傾聴する，というように理解されている。より現代的な考え方は，分析家と被分析者の相互性を重視する見方である。このことに関してボラスは，このように，分析家という他人の居る前で，自分自身のことをあれこれ連想する二人の組み合わせの構造を，「フロイトのペア」と呼び，これが自由連想の基本的構造となる，と主張している。彼の考えでは，フロイトは自分のことを考えること（これがしばしば「自由連想」であると受け取られていた）を発見したのではなく，他人の居るところで，自分自身について考えるという設定を発見したのである。しかしまた，分析家と被分析者の相互性を重視すると言っても，この二人は対等な存在，対等な立場に置かれているのだろうか？　ちょっと考えてみるだけでも，両者の立場が対等とは到底思えないだろう。対等でないペアの相互性は成り立つのであろうか？

自由連想は可能なのか？

しかし，ペアがどのようなものであれ，「自由に連想すること」は本当に可能なのだろうか？　私たちは通常，誰かが居ればその相手と話したいと思うだろうから，話す内容はその相手に話したことであり，思ったことをそのまま話すことなど出来るのであろうか？　自由連想でいう「自由」とは一体どういう意味であり，何が自由なのだろうか？

二人の間で話されることは，その場や二人の関係に左右されるものである。しかし，私たちは普段からあれこれ考えているものである。そうした考えは，とりとめがない。今，あなたはこの本を手に取っているので，そこから紡ぎだされる連想を考えているだろうと思うが，連想をそれに無理やり押し込めておくことは出来ない。全然関係がないように思える連想も次から次へと浮かんでくる。それは一体何故なのか？　私たちの無意識は，元来そのように活動しているのであり，ボラスがフロイトの受容的な無意識 receptive unconsciousness の言葉で表現しようとしたものは，そのようなものだったのである。もちろん，無意識がこのように機能するためには，何らかのきっかけ（引き金）が必要であり，今，この本を読んでいるあなたの場合には，この本が一つのきっかけになるだろうが，そこからまた別のきっかけが何か連想されて，そこからさらに，次から次へと連想が展開していくのである。そのようなきっかけは，私たちの無意識の思考を喚起する対象 evocative object である。ボラスは，無意識の中で，このように取り留めなく連想が展開していくことを自由思考 free thinking と呼んでいるが，ここで言う「自由」とは，方向性が定まらない，どこへ向かうのかが分からない，漂うのに任せている，といった意味合いである。連想の出発点が，何らかの喚起的対象である。この自由思考が自由連想の基盤にある，というのがボラスの考えである。

しかし，いずれにしても対話が進展するためには二つの心が必要である。二人の人間がいる必要はない。「考える」とはそういうものである。思考が進展するのは二つの心があって，その間で対話が行われるからであり，自由思考では自分の中の二つ（以上）の心がその対話に参加し，ある心が

質問を出し，別の心がそれに答えようとし，答えが出る前に，また新たな疑問が思い浮かび，それが問われる，といった風に行われるのである。喚起的な対象はきっかけに過ぎない。精神分析の設定で，分析家がやることは，二つの心の対話に割って入るようなものだが，分析家がそこに参画すると，どういうことが起こるのだろうか？　というより，被分析者の無意識の思考に，分析家はそもそも参加することが出来るのだろうか？　分析家は，患者の心の中にある，もう一人の想像上の自分とはかなり異なるだろう。間主観性が実証的にも検討される現代にあって，私たちが，意識しないうちに他人の心に気を配っていることは周知のこととなっている。フロイトのペアの場合，被分析者が自由連想を行っているのに対し，分析家の側では，平等に漂う注意の中で自分の無意識に身を任せつつ，患者の語りに耳を傾けている。すなわち，無意識の思考に身を任せている人が二人居るのである。分析家はぼんやりと聞いているのではない。患者の語ることを考え，何故患者がここで，この話をしているのか，考えながら聞いている。ただ，そこで語られるのは被分析者の連想のみであり，分析家が自分がどんな連想をしたか，といったことは通常は語られない。この場で話しているのは患者であり，治療者は何がこの場で展開しているのかを考えながら連想する。この状況では，分析家の連想も，被分析者の連想に引っ張られるようになり，それを中心に展開するだろうが，これはウィニコットが，「普通に献身的な母親 ordinary devoted mother」が，生まれたばかりの赤ん坊に対して，全注意を集中させることと共通するところがある，と私は思う。そのときには，分析家は，患者の想像上のもう一人の自分に限りなく接近しているかもしれない。そのような心境になっているからこそ，分析家には被分析者の連想の意味が分かり，一緒に作業をすることが出来，連想を解釈することも可能なのである。このことが如実に表れているのが夢の解釈である。夢は，無意識の思考なので，多様な解釈が可能である。しかし，現実のセッションの中では，夢が意味するものは明らかであるように分析家には聞こえる。これは，分析家と被分析者の二人が共同で作業していることを示すものである。このことに関して，オグデンは，分析家と被分析者が共同して，精神分析における第三の主体を作り出す，と語っており，ボラスは患者と治療者の受容的無意識が，フロイトのペア

の中で，相互交流する，と語っている。

　今まで述べたことは，自由連想が実際になされる場合のことだが，そうは言っても，自由連想は簡単には行われない。表向き，自由連想をしているように見えて，実は自由連想ではない，ということがしばしば起こる。もちろん，病態水準が低く，象徴機能を用いることが出来ない，などといったことが自由連想の妨げになっている場合もあるが，そうではない場合もある。そこでは何が起こっているのだろうか？　例えば，あらかじめ準備された素材を語る患者は，自発性が乏しくなり，自由連想しがたい。患者がそうしているのは，何らかの抵抗に由来する場合もあれば，どうすればよいか分からないから出来ない場合もあるだろう。ボラスは，自由連想に対する抵抗としては，「何も言わずに黙っている」というのが一番歴然としているものの，抽象的な考えを延々と述べることや，一見哲学的な省察を語り続けることも含まれる，と言う。そういう連想は，何か新しく創造的な連想を生み出さないからである。このようにセッションにおいて，たくさん連想しているように見えて，実質的には何も連想していない，ということはしばしば起こり得ることである。

　それでは，自由連想はどのようになされるのだろうか？　それを例示するためには，セッション全体を引用し，ボラスの著書『終わりのない質問』にあるような，精緻な分析が必要である。それは11章でも触れることなので，ここではあるケースの一部分のみを提示して，自由連想のエッセンスを述べたいと思う。

　　ある30代の専門職の女性Oは，怒りのコントロールが出来ないことを主訴にセラピーを求めてきた（週1回，対面法，自費の設定）。Oは，自分は普通ではない育ち方をしたので，いずれきちんとしたセラピーを受けなければならないと思っていた，と語り，それなりに熱心に通い始め，治療者の指示のもとに，セッションでは自分の話したいことを話し出した。しかし，それにも関わらず，治療当初，Oが何を言いたいのか，治療者はよく理解することが出来ず，セッションの半分ほどは，何か麻痺したような感覚に取り残されていた。そのために治療者は質問を繰り返すことが必要になったが，それがさらにOの自由な連想を妨げ

ている印象だった。徐々に，Oがかなり肛門期的な人であることが分かってきた。Oは，強迫的にコントロールするか，怒りを排泄するか，どちらかなのである。Oがそういうパターンで話していることを繰り返し指摘していくうちに，患者は少しずつ内省的に話が出来るようになり，連想にもつながりが見られるようになってきた。そうすると，治療者の側の麻痺した感覚も減少してきた。ここでは，そうした変化が顕著になった頃のあるセッションを少し提示したい。

Oは冒頭で，上司から一方的に文句を言われている不満を語ったが，以前だったら，そこで怒りに任せて爆発していたが，今回は言わなくて済んだという話から始めた。治療者がその部分をリフレクトすると，Oは，その辺は母親の言い方に重なるところがある。母親からは一方的に怒られたり否定されたりしてきた，と連想し，今は，相手が何でそういう言い方をするのだろうかと考えて流すことにしている，と続けた。また，上司のことを夫に相談したら，ちょっとしたことに反応し過ぎるのでは，と指摘されたことを語り，自分には確かにそういう傾向があると思う，と述懐した。Oはその後話を転じて，職場で他にも困った人が居る話を続けたが，以前だったらそういう人に対して怒りが抑えられずに，一方的に怒ったりしていたのだが，そういうときには自分は何か考えられなくなっていることがある，後になって考えると，そういうときにはむしろ分かりませんと言えば良いのに，その瞬間には思えないんです，と語り，そこでこの治療場面でも，治療者が「それはどういうことなんでしょう？」と質問する際に，突然のことで混乱して，焦って適当に喋ってしまうか，逃げてしまうんです，と答えた。そして，少し考えられればよいのに，そういうときはワーッと喋ることになる，と自己理解につながる連想を語った。そして，Oは，相手がいると何か答えないとダメとすごく思うのだが，それは悪く思われたくないからだと思うが，余計焦ってしまう，と語り，そう言えば，と言ってそこで思い出すのは，小学校の頃に母親や先生に先ず一方的に怒られて，それで訳が分からなくなって，答えられなくて，追い詰められていたが，今思うと，向こうはすでに答えを持っていて，それを私が言えば良いだけだったのだけれど，それで私が混乱するのは，頭が悪いから

だと思っていたんですね，私だけで周りは皆こうではないと思っていたんです，と連想した。ここでセッションの時間は終わりかけていたのだが，治療者は思わず，誰でも考える時間は必要だし，対話するのも考えるためには必要だと思いますよ，とコメントした。Oは，それは誰でもあるんですか，先生でもそういうことがあるんですね，と言って帰っていった。

　治療者は，Oが自由に連想できることを目指している。ここで言う自由に連想できることとは，自らの無意識の連想に身を任せることである。実際，Oの話は，現実の状況，過去の経験，治療関係へと及び，そこから連想が深まっている（「メニンガーの三角」と呼ばれる状況である）。治療者はリフレクトするだけで，Oの連想は展開し，自分がどうして一方的に話してしまって相手が理解しているかどうかを顧慮しないことの理由について，洞察を得ている。最後で治療者が思わず語ったコメントは，平等に漂う注意の下にあった治療者の自由連想から自然に浮かんだものであった（もちろん，逆転移としての側面もある）。

　このセッションは，Oの治療の中で特別重要なものではなく，通常のやり取りの中から，自由に連想することが比較的明瞭なものを引用して来たに過ぎない。Oが当初自由連想が出来なかったのは，治療者の面前で連想することは母親に語ることにつながるからで，そのことが大きな抵抗を呼び起こしたものと想像できる。しかし，自由連想を目指していれば，徐々に治療者と母親の違いは明らかになるものであり，自由連想が展開するようになる。ただ，そのためには，患者が自分を知りたいと望むことと，治療者がこの場で何が起こっているかを理解して，自由に連想できることが重要であるだろう。
　最後に，繰り返しになるが，自由連想は二人のものであり，患者と治療者の相互作用の結果であり，連想する患者のみならず，治療者の関与が大きいことを強調しておきたい。

11 　終わりのない質問

矢継ぎ早に質問する人としてのエディプス

　ソフォクレスの『エディプス王』では，冒頭でエディプスは次から次へと質問を繰り出す。彼は，王宮の門前に居る人々に目をとめて，「わが民らよ，遠き父祖カドモスのはぐくんだ後裔なる子よ，いかがいたしたのか」と質問を始める。そこから矢継ぎ早に質問が繰り出されるのだが，ソフォクレスによるこのドラマツルギーは大変すばらしいものである。私たちは，この劇が恐ろしい物語であることを知っているが，見る度に，これからどのような展開が起こるのだろうかと，目が離せなくなる。エディプスが尋ねる質問は，これまで呪いや神託を聞いたことがある人なら，当然知っていても良いことであったり，本当は知っている筈のことであったりする。一方で，エディプスが次から次へと質問を繰り返すことで，むしろ，どうして彼は素知らぬ顔をしてしまっているのか，何故見て見ぬ振りをしているのか，といった疑問が生まれてくる。素知らぬふりをしているのは彼一人ではなく，質問されているクレオンやその他の人々も同罪かもしれない。
　エディプスがここに居るのは，スフィンクスの謎を解いたからなのだが，スフィンクスの謎を解いたことで，どういうことが起こるか知らずに彼はその謎を解いたのだろうか？　その時点で，この町テーベの王と王妃に関する呪いを誰からも聞かないということがあり得るのだろうか？　町の人々も，どこの馬の骨とも分からない人物が謎を解いたのなら，その人物を，どうして検めることをしないのだろうか？　そもそも何故，エディプスはスフィンクスの謎を解いてしまったのか？　どうしてこんな簡単な謎を，

本当に答えて良いのかと疑問を抱かずに、確信を持って解いてしまったのだろうか？　スフィンクスは何故謎を解かれて自殺してしまったのか？　聴衆もまた、疑問の中に投げこまれていく。古代ギリシャにおいては、人間が神々に伍して運命に諍おうとすることを驕慢（ヒュブリス）として咎めたのだが、ここにあらわれているのがエディプスの驕慢なのだろうか？

彼はこの劇が始まる以前の部分では、確かに神託から逃れようともがいていたのだろうが、この劇の中では、ひたすら問い続ける人である。

何れにせよ、この物語は疑問が疑問を呼ぶ、という形で展開するのだが、最終的には、自分は何も知らない、という点に戻るのである。当時の聴衆であった古代ギリシャのアテネの人々が、どのようにこの物語を理解し楽しんだのかは、良く分からないが、少なくとも、フロイトによるエディプス・コンプレックスの物語は知らなかったはずである。彼らは、探偵のように、問い続ける中で、自らの出自にまで至る（「一体自分は何者なのか？」と問う）エディプスを、固唾をのんで見守ったのだろうか？　そして自分自身のことを多少なりともふり返って考えたのだろうか？　ソフォクレスの『エディプス王』は、そういうドラマツルギーとなって展開する[注32]。

終わりのない質問

エディプスは、問い続けることが破滅を引き出すと薄々気づきながらも、問い続けることを止めなかった。エディプスと同じように、私たちも日々問い続けている。と言うのは、私たちにも次から次へと疑問が生じてくるからであるが、私たちは何故、問い続けるのか？　それは私たちが結局のところ、何時までも子どもであるためである。子どもは無知なので、人生の数多ある謎に直面して、あれこれ質問するのは当然である。それらは例えば、「私はどこから生まれたのか？」とか、「私はいったい何者なのか？」とかいったものである。これらの質問を、子どもはいつの日か自分が成長して知識が増せば、答えが分かるだろうと思って発している。しかしなが

注32）『エディプス王』の終幕が迫るに連れて、エディプスは徐々に勢いを失い、全く問いを発しないようになる。私たちは、連想が活発なときは次から次へと問いが浮かぶのだが、やがて問いを通して自らの真実の一端が明らかになるにつれて、防衛的になって黙り込んでしまう、ということも起こり得る。

ら，私たちは子どものときに空想したようには成長して賢くなることは出来ない。そのため，実のところ，これらの質問は一生答えの出ない質問なのである。

　普遍性という観点で考えるなら，エディプスの名前は，性的な願望とそれが引き起こす罪悪感に関連するコンプレックスの名前としてよりも，常に問い続ける人である私たちの代表として相応しいかもしれない，とボラスは述べている。

　ボラスは，そもそも無意識の思考は質問の形でなされている，と主張する。私たちは一人でいるときも，常に何かを考えているものである。それらの多くは取り留めのない思考であるが，しかし，常に質問が先行し，それについて考える，そうすると思考が展開し，さらに考えていくのであるが，その答えが出る前に新たな疑問が浮かび，それが質問という形で発せられる。このように無意識の思考は展開していくのであるが，次から次へと発せられる質問は，どれも完全に答えられることはない。ボラスは，このように展開する無意識の活動を「終わりのない質問 infinite question」と呼んでいる。「これはどういう意味なのか？」と，私たちの心は，自分の経験の一部として，ごく自然に自分自身に対して好奇心を持っているものである。それに対する答えは，自分の人生に対する解釈なのだが，その理解や確信が，さらに質問を引き起こすことになる。この無意識の活動は，自分一人の中で繰り返される質問と思考として，「自由思考」と呼ばれる場で展開するのである。問いを発する私と，それに答えようとする私と，二人の私が，私の中にいるのである。

　繰り返しになるが，フロイトの創見は，この自由思考を治療者と患者の二人の場に持ち込んだことである，というのがボラスの考えである。彼は，この二人の場を「フロイトのペア」と呼び，精神分析の設定や治療構造は全て，このフロイトのペアが有効に機能することを目指したものと考えている。そして，フロイトのペアの下で，患者が自分のことを考えることを自由連想と呼んでいる。自分一人で自分のことを考えることと，他人の面前で自分のことを考えることは何か違うのだろうか？　子どもは最初は自分一人で考えることは出来ない。それは赤ん坊と母親は一体だからである。赤ん坊にとって最初の他人はもちろん母親であるが，赤ん坊が自分自身の

ことを考えること（そのためには，赤ん坊の中にもう一人の自分がいることになる）と，母親が赤ん坊のことを考えるのと，どちらが先だろうか？

大人である私たちは，当然，自分で自分のことを考えるのが先と思うだろうが，赤ん坊の場合，先ず母親が赤ん坊のことを考え，そうした自分（＝赤ん坊）のことを考える機能を，母親から譲渡される，ということが実際に起こっているのだろう。そのように考えると，フロイトのペアの下で，分析家に一緒に考えてもらうということは，母子の原初の関係に退行することなのだと考えることが出来るだろう。つまり他人の面前で自分のことを考えることの方が，自分一人で自分のことを考えるよりもオリジナルなことと言えるだろう。そういうとき，通常の母親（普通の献身的な母親）は赤ん坊が何を考えているのかが分かるものである。その後，母親は全てが分かるのではなくなるが，母子間のやり取りの積み重ねによって，赤ん坊は，母親からの語りかけがどのような意味を担っているのかを選択的に解読することが可能になる（これは，分析家が患者の夢を解読することが可能であることに通じる。一緒にいる二人は相手が何を考えているかが，しばしば手にとるようにわかるのである）。

一方，自由連想をしている患者は，常に考え続けているということになるのだが，なかには自由連想することが出来ない患者がいる。その場合，それは何故なのかが問題となるだろう。私たちは質問をし，その問いを考えるが，そこで取りあえずの答えが見つかると，それが新たな質問を引き起こす。そのようにして質問が連鎖を作っていくのである。質問の出発点は，「どうして私はこんな……なのか？」というものであるのだが，これは答えが見つかる類の質問ではないだろう。しかし，私たちは自分で自分に問いかけていく。いつも答えは出てこないのだが，しかし，私たちはその作業を続けていくのである。その際，私たちが，あまり深く考えずにいることが，二人（治療者と患者）の中間領域で出会うことを促すことになるだろう。このとき私たちは何かを目指している感覚を持っているのだが，しかし，それが一体何なのかは治療者にも患者にも分からないまま時が経過していく。これは傍から見れば，かつて私たちが経験したことのある変形性対象との経験を再体験することを求めて，模索しているということになるのだろうが，当事者である私たちはそのことが分からない。つまり，

これは未思考の知に当たると言って良いだろう（ウィニコットは，私たちが考えたこともないことであっても，すでに経験した場合があることを「破綻恐怖 fear of breakdown」の際に述べている）。

　そうすると，あるとき，青天の霹靂のように，突然その答えが浮かんでくることがある。そうしたことはセラピーの中で起こることであるが，セラピー以外でも，芸術においても，日常の生活においても起こることである。芸術の例で言えば，第4章で述べたフランシス・ベーコンの絵画はその一例であるが，そのような展開自体を一つの文学作品へと昇華させた例として，プルースト Proust, M. の『失われた時を求めて』[注33]を挙げることが出来るだろう。作品の中で，主人公は自分の過去を夢想しつつまどろんでいるのだが，紅茶に浸したマドレーヌや，ヴェネチアの石畳で躓いたことがきっかけとなって，過去が単に想起されるだけでなく，自分の生きてきた意味が読み替えられる。その結果見方によっては，単なるエピソードの羅列に過ぎないとも言えた自分の人生が，細部が共鳴しながら全体としてシンフォニーのように響く物語へと転換していく。プルーストのこの小説が，プルーストの実人生を反映したものと考えるなら，マドレーヌも石畳も，彼にこの大長編小説を書かせるほどの契機なのだと言うことが分かる。というのは，どれだけの言葉を尽くしても，そのことを誰かに知ってもらいたいことがそこから生れ出て来るからであるのだが，これは無意識の思考の姿を描写したものということが出来るのだろう。もちろん，実際の物語は何遍も推敲を繰り返され，慎重に構成されたものであり，単にエピソードを即興的につづったものではない。実人生においては，プルーストは，一方では社交界の寵児ではあったものの，生涯喘息に悩まされ，恋人（プルーストはホモセクシュアルなので，恋人は男性なのだが）を追い求めても，届きそうで届かず，喪失を繰り返し，一方で，手が届く相手

注33）A la Recherché du Temps Perdu は，プルーストによる長編小説。時の流れが経過していくことは致し方ないものの，そういった時間によって磨滅され得ない永遠なるものを求める主人公（話者）の精神的遍歴を語ったもの。過去は忘れ去られるのではなく，無意識の世界に沈殿し，紅茶に浸したマドレーヌや，ヴェネチアの石畳の記憶など，些細な感覚的経験を契機に蘇ってくることを指摘し，芸術は，そういった超時間的感覚を固定することによって，永遠に触れることにある（それは身体性に根差している）と主張している。この物語の背景には，プルーストの実人生があり，彼自身の人生の意味を探求する中で，この物語が描かれた。

には失望することを繰り返しており，ある意味で，決して満足な人生を送ったわけではなかった。しかし，彼は生涯をかけて何かを探し求めていたのである。ふとした契機から彼は自分の生きる意味に触れることが出来，それをもとに小説を書くことになったのである。そうしたプルースト自身の格闘が描写されているという側面も，この大長編小説が感動を呼ぶ一因となっているのである。

力動的無意識と受容的無意識

ここで改めて，力動的無意識 dynamic unconscious と受容的無意識 receptive unconscious との違いを確認したい。前者は，抑圧された無意識であり，フロイトが「無意識を意識化する」と述べたときに想定していた無意識である。一方，後者は，彼が夢の思考について論じていた時に想定し『二つの事典項目』の中で「患者の無意識を自らの無意識で捉える」と述べたときの無意識である。私たちには双方の無意識がある，と当初フロイトは考えたのだが，解釈を中心とする精神分析的な治療技法が前者を重視したために，後者はその後の精神分析の中では等閑になった傾向がある。しかし，当初フロイトが指摘したとおり，私たちの無意識には，どちらの要素も含まれているのではないだろうか？　両者は重点の違いはあるものの，一部は混合した部分も持ちながら，双方で私たちの無意識の世界を構成していると考えるのが妥当だろう。フロイトは，無意識の性質について検討を加えているが，どちらの無意識も，無限に広がる世界であり，網の目のようにつながっていることは間違いない。また，圧縮をはじめとする様々なメカニズムが働いており，時間的な論理性が失われていることも間違いない。そうした無意識が私達の目の前に現れるのは，夢や失錯行為，症状や性格であるが，フロイトはそこに新たに自由連想を付け加えたのである。フロイトは力動的無意識を意識化するという観点から，自由連想は解釈的であると考えたのだが，しかし，実際には自由連想は余りにも錯綜としている（それは無意識自体が錯綜としていることを反映していたのだが）ため，その考えを放棄している。しかし，そうは言っても連想の順番（ボラスはそれを「順番の論理 logic of sequence」と呼んでいる）は，無

意識のつながりに関して情報を与えてくれるのではないだろうか？　そのために必要なこと，有効なことは，あるテーマについて考えることではなく，深く考えることではもちろんなく，心に浮かんだことをただ語り，心に浮かんだ問いにただ答え，そこから新たな問いが浮かび上がってくるのに従って，さらにその問いに答えていく，ということであろう。無意識は複雑で錯綜としているのと同時に多数のエレメントが関与している。しかし，序章でも述べたことだが，私たちは，その一部分しか知ることが出来ない。ボラスは連想によって語られることを，シンフォニーの演奏に擬えている。どういうことかと言うと，シンフォニーはオーケストラ全体として一つの音楽として私たちには聞こえるのだが，それぞれの各パートも，それなりの連続性がある。例えば，チェロのパートだけを取り出してみると，通奏低音を繰り返し弾いているだけで面白くない場合もあるが，シンフォニー全体にとっては，それはそれで十分に存在意義があり，それ自体一つの連続性があり，一つの音楽となっている。しかし，余程注意深いか，好事家でもない限り，このチェロのパートを取り出して聴くことはないだろう。同じように無意識には様々な要素が含まれているが，それぞれの要素にも，それなりの連続性がある，ということが出来る。しかしそれを全てとりあげることは不可能である。もっとも，ボラスは，それらを分類していくことは可能であると述べ，分類することによって全体を見通しよくすることは可能であると主張している。彼はそれらをカテゴリー category という大分類と，その下の小分類であるオーダー order に分けていくことが可能である，と述べている[注34]。

それでは，具体的な臨床素材の中で，どのように終わりのない質問が展開するのか，その中で，治療者はどのような役割を果たしていくのか，などについて，少し細かい話になるが，検討してみたいと思う。

臨床素材

ある30歳台，専門職の既婚女性Aの受診動機は，「小さい頃から自信が無く，常に他人の顔色を窺って不安を抱えながら生きてきたが，その不

注34）生物学の分類学では，カテゴリーは門を，オーダーは目を意味している。

安が大きくなっている」、また、「表面上は適応しているものの、自分のことが好きになれず、引きこもりがちになっている自分を変えたい」というもので、「これまでセラピーを受ける勇気が無かったが、結婚してから、このままでは悪い母親になりそうな気がして、受ける必要性」を強く思うようになったとのことであった。さらに詳しく話を聞いていくと、直接のきっかけとして、ある仕事上のクライエントから、Aの言葉で深く傷つけられた、と言われたことに衝撃を受けた、ということも明らかになった。

　Aは、会社員の父親、専業主婦の母親のもとに長女として生まれている。Aには弟が一人居る。父親は真面目で温和だが、どのように距離を取って良いかが摑めない存在とのことであり、Aは、父親と同年代の男性から親切にされるとなぜか涙がこぼれてしまうことを語った。一方、母親は感情的で時々爆発する人で、実際に突然暴力を振るうこともあるため、Aはずっと顔色を見てびくびくしながら育ってきたものの、そういう母親に強い愛着を抱いていることを自覚していた。また、話をきいた限りでは、母親はかなり強迫的だったが、Aも含めて、一家はそれを普通のことと受け止めて、協力していた。ところが母親が理不尽な怒りをぶつけてきたときに、Aが母親を突き飛ばすというエピソードがあってから、Aと母親の関係は少し変化が見られるようになった、とのことであった。Aが受診に至る少し前に、その母親が、アルコール依存だった自分の父親から暴力を受けていたことに気付いたということがあったが、Aは、母親に同志のような感情を持つとともに、「私だって酷い目にあってきたのに」という気持ちになったことが語られた。学生時代のAはいわゆる優等生だったが、幼いころから常に他人の顔色を窺って生きてきたことを自覚しており、ときに自分の一挙手一投足まで気になってロボットのようにしていたことがあり、一時期そういう自分が嫌になって反抗的になったときもあったが、基本的には先生の良い子で通してきていた。しかし、ゼミを選択するときに、あえて厳しいと評判の教員を選び、その後進路をめぐって指導教員と対立した際には、寄る辺の無い孤独感を味わったとのことであった。また、Aには幼い頃よりアトピー性皮膚炎があり、幼いころは母親に背中に軟膏を塗ってもらうことがとても気持ち良かったことを記憶しているが、このアトピー性皮膚炎は、高校3年の頃より増悪し、現在に至っ

ているが，一時は人前に出るのが辛いほど酷かったとのことであった。Aは，専門教育を受けて後，就職し，およそ1年前に結婚し，夫と二人暮らしするようになったが，二人とも仕事で多忙なため，生活がすれ違っているとのことであった。

　Aの以上の話をまとめると，父親のイメージは悪くはないが，距離のある存在であり，自分は受け入れられていないと考えているようである。一方，母親は何を考えているか分からず，自分を拒絶する存在と見なされている。そういう両親に対して，Aは慢性的な悲しさを抱えているのだが，そのことを実感しているかどうかは定かではない。つまりAは良い子として偽りの自己を生きてきたのだが，とても敏感で，何かを始めるときに，他人が自分のことをどう見ているかがとても気になっているのだと思われた。その一方で，Aは理想主義的で，目標が高く，頑張ればそれに到達できると思って，自己理想化しているが，それが思うようにいかないことで，現在は破綻してしまっていることがうかがえた。Aは，母親を倒したエピソード以降母親との関係が変わったと言うが，母親に対して天使のような存在であったことは変わりない。その一方で，指導教員として過酷な男性を選んでいるところなどからは，その人の中に過酷な母親を見て，SM的に従っていく傾向があることがうかがわれた。Aは母親のことが本当は嫌いなのだが，SM的に従ってしまう一方，父親は多分自分の話を聞こうとしないだろう，と思っていることが想定された。

　数回のアセスメント面接の後，セッションは週1回，自費，カウチを使用した自由連想法で行われることになった。当初，Aは，自分自身の性格的な問題とともに，職場で度々起こる不安な状況について語っていた。Aは，自分が母親の敷いたレールの上を歩いてきただけのように感じ，これまで何でも母親に話して褒めてもらったり慰めてもらったりして，何とか乗り切ってきたことに気づいて，あえて母親と連絡を取らない時期が続いた。また，患者は，哀しい寂しい気持ちで元気が出ないと語ったが，その理由は分からなかった。セラピーが始まってしばらくして，職場での不安が高まってAは一時期不安定になり，本人の希望によりしばらくの期間，週2回のセッションを持つことになった。以下に提示するセッションは，その後安定してきた時期のもの（治療開始後およそ1年後）である。

患者は，前回のセッションの終了間際に，セッションの回数を減らしてもらえるかと尋ねてきたので，そのことは次回に話し合うことを私は提案している。ここまでの経過中，私はAの話を傾聴していくように努力しており，それに対して，Aは自分で自分に問いかけ，それを考えていくというパターンがすでに出来上がっていた。

そのセッションで患者は10分ほど遅刻して来たが，「どうしましょう」と聞いてきたので，最初に対面で話すことにして，回数を変えることには意味があるので，そのことをここで検討したらどうですか，と私は伝え，その後いつものように自由連想を勧めた。患者は，私がどんな風に言うのだろうと思うと，怖くて来にくかったことを語り，以前夫に溜めて出さないで欲しいと言われていたことを連想し，その意味が分かったと語った。その後，Aは，自分が相手にどう思われているのか気になると語るので，私が，ここでも私の反応が気になりますね，と伝えると，Aは，ちょっと沈黙してから，言いたくないけれど，気になっていることは確かだと語り，どうして言いたいことを言えないのかということに関して連想していくうちに，先生に対して言いにくいことはないはずなのに，何時言い出そうかと思っているうちに，二進も三進も行かなくなって，急に言うことになってしまったことなどを語った。

その次のセッションを詳しく見ていくことで，Aが自分にどのような質問を発し，それに自分でどのように答えていくかを検討したい。

［Aは時間通りにやってきた。］
A：（Aは横になると一気に語り出した。）前回のこととつながるのかどうか分からないけれど，夫の実家のことで腹が立ちます。多分，夫と自分とを重ね合わせているのだと思う。夫の実家は近郊のＸ市にあるけれど，すでに両親が亡くなっていて，誰も住んでいないんです。夫には姉がいるのだけれど，姉は結婚して出て行っていて，今は夫が実家の管理するようになっているのだけれど，夫の姉は今は別のところに住んでいるものの，その方が気楽だといって出産のときには実家に戻っていて，そのときは夫が買い物をしたりしていたこともあったんです。その実家

を片づけるために，夫はしばしば帰るけれど，片づけるといっても，実際には片づけられない。というのは，ウィークデーは働いているのだから，それを土日にするとしても，時間も短いし疲れているし，現実的に無理なことだと思う。それで実家は全然片づかないままなんですけれど，実家は，家の中央に大きな仏壇があって，親戚が何かの折には寄り集まるんです。そうすると，どうしてもその片づかないことが目に入る。夫の母親には兄と，姉と妹が居るんですけれど，その姉と妹が，二人とも似たタイプで，夫に対して「やっていないじゃないの」「はい，やっておきます」「いつもそんなこと言って」といったやり取りをしている。私はそれを横で聞いていて，どうしていつもそういう言い方をするのか，そういう言い方をするから，子ども扱いされるのだと思う。出来ないものは出来ないとはっきり言ったら良い，と思えて，腹が立って仕方が無いんです。例えば，庭の手入れにまでは手が回らなくて，雨戸を開けると，雑草が生えているのが目に入る。でも，雑草刈りは，いくらやってもキリがないし，たとえある程度刈っても日曜日にそれをゴミ出しするわけには行かないので，結局それが倉庫に山積みになるんです。だから，片づけはどんなにやっても中途半端になるし，先週は夫が先に帰っていて，私がそこに合流したんですけれど，納戸の片づけをしているうちに，何のためにやっているのかも分からない気持ちになったんです。それで，夫は誰に気を遣っているのだろうと考えるんです。私も，こちらで考えているときは「やろう」と思っているのですが，Xに行くと腹が立ってきて，どうしてそんなに腹が立つのか分からないくらい腹が立つんです。それは多分，自分自身と重なるからだろうと思うんです。

　　　（Aは，ここで一呼吸入れた。）私も仕事中に他人のことで気を遣うという点では同じなんですけれど。今は大分楽になりましたけれど，同僚から，どのように見られているのか気になるのです。それで，やっぱり良い子になろうと思っているんです。

治療者：あなたは時々そのことを話しますね。

A：仕事中にはあれをしよう，これをしようと色々と思いつくんです。だいたい，私の仕事は時間をかければかけるほど良い結果が出来ることは事実ですよね。それで，「良い」と言われる人は仕事を家に持ち帰って

やっているものなのです。同僚の中には，一体何時寝ているんだろうと思うくらい肌理の細かい仕事をする人も居るんです。でも，いくらやってもキリがないんです。私も仕事をしていると，「こうしようと思う」とかと色々と思いつきます。そして実際にそうした方が，良い仕事が出来ることは間違いないんです。例えば，今日はある課題の素材を選ぶということがあって，別の人が選んだ素材があったんですけれど，どこかピンと来なかったので，「それじゃあ，私が選んでくるね」と言って出て行ったのですが，職場を一歩出たら，「ああ，やりたくないなあ」と思ってしまう。セッションが終わってからもう1回，繁華街まで戻って，その素材を見てくるなんて考えられないです。それから，ワークシート作ろう，と思いついて，仕事ではワークシートがあったほうがどう考えても便利なんです。でも，「そこまでやるか，やりたくないなあ」と思ってしまう。（治療者は，ずっと相槌のみを打って聞いていた。）
　私は，浮いたり沈んだりしているんです。
治療者：浮いたり沈んだりというのは，どういう意味ですか？
A：仕事中には色々とアイデアが浮かんであれをやろうとかと浮くんですけれど，帰りにはやらないといけないのかと思って沈むんです。（ちょっと間を置いてから）そう言えば，学生時代に交換日記を中断させたのもいつも私だった。人から手紙とかを貰うのは嫌ではないのに，自分で書くのは何か億劫になる。それで私のところで停滞して，続かなくなるんです。嫌なら嫌と言えば良いのに言わないで，そのときは「やる」，と言ってしまうんだけれど，やりたくないわけではないんです。でも，実際には出来ない。嫌と言えないことは夫と重なりますね。
　今は，自分が本当にこの仕事を続けてやりたいのかどうなのか，将来のモデルが描けないでいるんです。例えば，上司の言い方などを覚えておいて参考にする，ということもあり得るんですけれど，今の自分は，将来昇進したら，などと考えられない。最初に，仕事が出来る先輩をモデルにしてしまった所為か，とても到達できないでいる。当初はあれもやりたいこれもやりたい，と思っていたんですが，今はそういう同僚の姿を見ていると却って息苦しく感じます。
　今日もたくさん仕事を持って帰っているけれど，それをやるのかやら

ないのか，どうなのか分からないです。でも，良い子になりたくない，とこれだけ言ったのは，多分，夫には言ったことがあるかもしれないけれど，初めて。これだけ吐き出したら，今日は帰ってやる気になるのかもしれないです。今日は帰ったらどっちが出てくるのか，これだけ言ったから良い子になるのか，そっちになりそうな気もするし，そうでないかもしれません。
治療者：今日はどっちになるか楽しみですか。
A　少し楽しみです。
　　［Aはリラックスした雰囲気で，その後沈黙していた。時間終了まで数分間，その状態が続いた。］

　次のセッションで，Aは何故か，職場で心穏やかな気持ちになっているが，それでも家に帰ると夫には無性に腹が立つことがある（夫に対して，わざとあら捜しをして攻撃している自分が居る），などと語った。その連想の中で，夫に構ってもらえない寂しさが連想された。そして，良い子の自分と拗ねる自分が居るようだ，などと展開していった。
　そのセッションの3ヶ月後に，Aはこのセッションのことを思い出して，治療者に言いたいことを聞いてもらってやる気が出たことを思い出した。そのときに言いたいことが言えたから良かったのか，治療者に聞いてもらったことが良かったのか，今日も言いたいことが言えたら，帰ってやる気になるだろうか，と語った。そのときに私が，このセッションのことで何を連想するかを尋ねたところ，Aは即座に，「お父さん」と答え，自分と連動してころころと変わるのではなく，じっと動かない，抱えてくれるというイメージです，と続けた。私はAの父親に対するイメージの変化を感じていた。しかし，Aはそれと関連して，専門教育の指導教員として皆から嫌われている教員をわざわざ選んだことを連想し，一体自分はどうしてそういう選択をしたのだろうと自らに問いかけている。
　その次の回でAは，質問を続けて，前回はお父さんと言ったけれど，それは少し違うと思った。保育器のイメージかもしれない，と語ったが，私が保育器というと赤ちゃんだと言うことですか，と尋ねると，Aは即座に，ここにいるのと母親と一緒にいる安心感とは違う，母親と一緒では

二人の関係が曖昧になり，下手をすると侵入されるような感じだと連想し，ここでは私は自分一人で居て，しかも守ってもらえる，と語った。そして，かつて「操り人形の夢」（自分は操り人形のように上から糸が垂れていて動かされているのだが，誰が動かしているのかは分からないといった内容の夢）を見たことを想起したが，その操り人形の部分がここで育ってきているのかもしれない，などと語った。

症例の考察

ボラスは，全てのセッションで，患者の連想は自らへの問いかけによって展開していく，と語っている。それに対して治療者は，「平等に漂う注意」の下に，患者の連想に耳を傾けていくことになる。すなわち治療者の基本的な役割は，傾聴することで患者の連想を促すものであり，何かが連想の自由な流れを妨げている場合のみ，そこで介入することが必要になる。すなわち，解釈は，余程のことがない限り差し控えられることになる，と主張する。そうは言っても，どうして患者が今この話をしているかを考えることは，精神分析的な治療ではありふれたことである。このボラスの方法は，何か特別なことなのだろうか？

ここで提示したセッションについて検討を加えようと思うが，これらのセッションは，特別に重要な瞬間だったわけではない。むしろ，このようなセッションは常に繰り返されているものである。また，全てのセッションは，独立して存在するわけではなく，全体の流れの中で存在している。そのため，それ以前のセッションで問われたことが持ち越されたり，考えられたりしたことが再び持ち出されることは当然である。このセッションの中核的な問いは，「私はどうしてこんなに寂しいのか」というものであろう。しかし，ここでは順番にＡが発する質問を見ていくことにしたい。質問は，あからさまに表明される場合も，そうでない場合もある。

Ａはまず，どうして私は良い子でいられないのか，腹を立ててしまうのか，と問うている。（そしてこの問いの背景には，Ａに対して「悪い子」というメッセージを伝えてきた母親の取り入れがあると思われる。）次に，夫はどうして毎週末，私を放って置くのか（実家は空っぽなのに）という

問いが来る。そもそも，夫は何故忙しい仕事をしているのに，さらに週末まで仕事をしているのだろうか，どうして夫は「なんで毎週私を放って置くの」，という質問に答えてくれないのか，といった質問へとつながる。そして，この背後には，どうして母親は私を空っぽの家に置いていったのだろうか，という問いかけがあるのだろう。ここで夫への連想と，母親への連想が重なるのである。

　その次に，どうして私は週末になると創造的な作業が出来ないのだろうか，という質問が問われる。さらに，どうして私は交換日記をやめてしまったのか，やると言ったのにどうしてやらないのか，それならば嫌と言えばよいのに，どうして言わないのか，といった問いが出される。Aは，それらの質問を考えていくが，答えに到達する前に，新たな質問が出現していく。さらには，やることがあるのに，したくないのはどうしてなのか，という問いも表明されている。これ以外にも，さらに多くの問いが現れている（つまり終わりのない質問である）のだが，疑問が疑問を呼び，次から次へと質問が繰り返されているのである。もちろん，これらの問いは，それぞれが考えられていく。その結果答えが出されるものもあるが，明確には答えられない場合もある。Aの中で無意識の作業が活発に展開しており，治療者は聴いているだけで，無意識の創造的な作業がなされているのである。ここで強調しておきたいことは，これらの質問は，患者が強迫的になっているためになされているのではないことである。繰り返しになるが，ボラスは，子どもが質問するのは自然なことであり，それは子どもの目から見れば，われわれの生きている世界は余りにも謎に満ちているからである，と述べている。自由連想の中で，子どもの部分が現れてくるようになると，患者は必然的に，どうしてなのか，と質問するようになるのである。

　それらの中核で浮かび上がってくるのが，Aが子ども時代に体験した思い，すなわち母親から置いておかれているということであり，その結果として，Aは何もする気が起こらず，何も言う気になれないのである。これは，今まで考えられたことがなかったという意味で，ボラスのいう未思考の知ということが出来るだろう。Aは，言うなれば「一人でいる能力」を（母親から）破壊されているために，一人では創造的に生きること

が出来ないでいる,と言い換えることが出来るだろう。

　しかし,それと同時に,患者は,ともかく,セッションの中で頑張って連想しようとしている。これは,そうすることで,何とか寂しさに耐えて,母性的養育の喪失 maternal loss を補おうとしていると見ることが出来るだろう。

　セッションの最後で,「今日はどちらになるか,楽しみですか?」と尋ねた治療者の発言は,つい口に出てしまったものであるが,振り返って考えると,Aの孤独感に反応した逆転移に基づくものである。間主観性の立場から見るならば,エナクトメントと言うことが出来るだろうが,これはボラスの考えでは,治療的相互作用というカテゴリーに属するエナクトメントという一つのオーダーであり,無意識の相互的な機能の一つに過ぎない。転移-逆転移というのも,同じカテゴリーに属する別のオーダーである。治療者が質問したことでAの自己理解は深まっていると思う（未だ,この時点では言葉では表明されていない）が,それは治療者のそのような発言それ自体が重大な治療的意味を有しているということではない。そこからまた別のテーマの連想が浮かんでくるきっかけとして重要なのである。その後のセッションで,どうして自分は他人の顔色を窺おうとするのか,自分はどうして人に好かれたいのか,どうして自分が良い子であろうとするのか,などといった形でさらに疑問が質問として提示され,その質問の答えを考えながら,その後の展開の中で,さらに無数のテーマが連想されていくのである。

　ところで,この介入を解釈の視点から論じることも出来ると思う。このことに関して,治療上有用なのは,治療者の巧みな（才気走った）解釈という契機でなく,子どもが自分自身を突然発見するという契機である,とウィニコットがすでに述べており,同じことをビオンやボラスも述べている。しかし,そのような熟考されてなされたわけではない解釈が有用かどうかは,解釈をどのように位置づけるかとも関係するだろう。

　Aと私の相互関係は,このように転移-逆転移関係の文脈でもエナクトメントの文脈でも理解されるものである。あるいは分類に基づいて,他の分類に従って理解することも可能であろう。それらの理解を基にしたアプローチによって,また異なったものが見えてくることもあり,それはまた

有用だろうが，セラピーの目的が，患者の無意識を賦活すること（それを通して，自己理解を深めること）であるなら，患者の質問を明確化していきながらも，患者の質問を賦活し，傾聴するという基本はぶれないだろう。

12 音楽と精神分析

創造的であること

　フロイトは，芸術について述べるのは難しいと語っており，自分の理論が芸術家に用いられることには警戒心を露わにしていた。フロイトは芸術には精神分析は当てはまらない，と考えていたとも言われる。これは彼の主張，精神分析出来るものとそうでないものとがある（例えば夢には「夢の臍」があって，それは分析不能であると述べている『夢判断』）とつながるのだろう。

　しかしその一方で，実際のフロイトは大変な芸術愛好家であり，熱心な古美術品の収集家であり，芸術について多くを語っている。もっとも，『ミケランジェロのモーゼ像』などのように，美術作品の創造に関しては精神分析的に興味深い論考を著わしているものの，それらは作品の内容に関するものや，創作する際の芸術家の心理についてのものである。芸術に対して，そのような限られた見方をしたために，フロイトは，美とは何かについて論じることは出来なくなってしまっている。また，フロイトはウィーンという音楽の都に居ながら，音楽に近づくことは大変に怖れていたようである[注35]。そして，自分はいくつかのオペラ以外は好まない（彼が愛好していたのはモーツアルトの『フィガロの結婚』などであり，そこで扱わ

注35）フロイトが学生時代，妹がピアノを習うことになって，家にピアノが置かれたが，フロイトがうるさいと言ったために，そのピアノは即刻片づけられたという有名なエピソードがある。これは，長男であるフロイトの勉学を優先する，というエピソードとして語られることが多いが，音楽的なものに触れることに，フロイトの恐れがあったためでないか，と考えることも出来るだろう。

れているテーマは権力者の鼻を明かすという、フロイトが好きなテーマである）と公言している。

　フロイト以降の精神分析理論では、創造性に関して、様々な理論が提起されている。もっとも有名なものは、自分自身が芸術家でもあったクリス Kris, E. による「自我のための退行」であろう。ただ、そのような部分的な退行が果たして可能なのかどうか、また仮に可能であったとしても、そうした退行を司るのは何なのか、といった多くの疑問が残る。本書で論じている英国独立学派では、創造とは、自分が何を探しているのか分からないものを突然見出すことであるという考え方（シミントン「真実は突然現れる」）が共通したものとなっており、そのためには知らないこと not-knowing に耐える必要がある、との主張がなされている。

　独立学派の分析家で、創造性について多くを語っているのはミルナーである。彼女はウィニコットと近しいが、彼女自身が画家であり、創造性に関して多くの論考を残している。ウィニコットも、『遊ぶことと現実』の中で、創造性を理解するにあたってミルナーの影響が大きかったことを語っている。彼女は、創造されるものは発見されるものでもあることを指摘しており、精神分析過程と芸術の類縁性を指摘して、精神分析は創造的なものであるが、その創造性は、患者にも分析家にもあらわれるものであることなどを述べている。

　創造性の理論に関しては、ウィニコットの可能性空間（潜在空間）の概念が有名であり、著書『遊ぶことと現実』の中で、それが展開されている。ウィニコットは、「文化的経験は遊びと直接的な連続性がある」と述べている。ウィニコットは、創造性は乳幼児期の発達と関連が深く、乳幼児は潜在的な創造性のポテンシャル（原初の創造性 primary creativity）を有しているが、それが現実化するためには、母親による適応的な反応が必要になると主張する。具体的には、母親の乳房が求められるときに提供されることで、赤ん坊は乳房を「創造する」ことを経験するのである。これは単なるリビドー的満足ではない。赤ん坊は自分の内的状態に合致したフォームを見出すことが出来るのであることはボラスの指摘をまつまでもないことだろう。このフォームという考え方は、芸術を考える上で、とても重要である。ウィニコットの創造性の理論は、ある種の退行を前提としている、

と考えるべきだろうが，クリスが考えるような軽業師的な退行論ではなく，退行を誰もが経験する可能性空間と結び付けようとするものである。可能性空間は，乳幼児が移行対象を経験する時期に経験することになる空間であるが，その後の発達では，常に退行促進的であり，パラドックスが常に存在している空間であり，そこでは客観的現実と内的幻想を無理なく結びつけることが可能である。このことと，自分であって自分でない錯覚とは関連する。移行対象は，赤ん坊にとって，最初の「自分ではない」所有物である。こうしたパラドックスについては，ウィニコットは，「問わないこと」，「挑戦しないこと（異議を唱えないこと）not challenging」が重要であると言っている。また，このパラドックスは，その後の人生の間中続くという特徴がある。

　ところで，彼の考えを敷衍して，全ての創造性の起源は乳幼児期にある，と考えると，子どもの作る作品が最も芸術的ということになるのだろうか？たしかに，新しいものを生み出すのは乳幼児期が一番かもしれない。そして実際に，子どもの作品には，新鮮な魅力が溢れている場合がある。それでは，乳幼児が情熱をこめて描いた作品と，芸術家の作品とでは何が違うのだろうか？　作品を作る情熱に関しては，乳幼児も芸術家も違いはないだろう。また創造のプロセスに関しては，双方とも，同じようなプロセスで作品を生み出していると言えるだろう。案外，年老いた芸術家よりも，この世を初めて経験する乳幼児の方が，新しい世界と交わっていることから，感動が大きいかもしれない。赤ん坊の人生の方が，創造的な瞬間に満ちているかもしれない。芸術家とは，乳幼児期の感動を忘れない大人である，と言うことが出来るかもしれない）。しかし，通常は芸術家の方が赤ん坊より成熟した作品を創造する。両者の違いを理解するためには，フォームの考えを導入する必要がある。内的な「何ものか」を表現するためにはフォームが必要であり，そのフォームを獲得するために，芸術家の丹精がある，ということである。また，同じことを別の角度から言うことになると思うが，作品は鑑賞する人（享受者）が居て初めて成立するものである，という点も考慮する必要がある。乳幼児の作った芸術（？）も高く評価される場合はあるだろうが，鑑賞する人がどれだけ巻き込まれ，動かされるか（すなわち，変形されるか）ということを考えるならば，乳幼児よりも

専門家の作品の方が，一日の長はある，と言えるだろう。また，このことと同じようなこととして，私たちは，芸術家が創造的であることを理解することは出来るが，その芸術作品に対して，親しみが持てる場合と，そうではなく，距離を感じる場合がある。これは例えば，ロックを聞きなれている人にとって，クラシックは単なる雑音にしか聞こえず，またその反対も然り，ということである。こういったことは，その対象にどれだけ馴染みがあるか，社会的文化的背景を共有できるか，などと関連するが，言い換えると，可能性空間を共有して持つことが出来るかどうかの問題と見ることが可能だろう。

ところで，ここまで論じてきたのは芸術的な創造性についてであるが，精神分析や，精神療法における創造性はそれとどう異なるのか？ 精神分析や，精神療法の創造性といきなり言われて，何のことかと面食らう向きもあるかもしれない。精神分析や精神療法における創造性とは，治療空間の中で連想することによって，また，治療者と患者の相互作用を通して，新たな発見が生まれることである。新たな発見と言っても，何か特別なこと，全く新しいことを見出すことではない。患者が語りの中で，それまで気づいていなかった自分に対する新しい見方が出来ること，連想の中で無意識の新たなつながりが見出されること，そこから連想が溢れ出て来て，これまで想起できなかったことが思い出されること，そういったことが全て創造的なことである。もちろん，そうしているうちに何か探していたものが，突然発見される，ということもあるかもしれない。

こうしたセラピーにおける創造性と，芸術における創造性の間で，何か違いがあるのだろうか？ 両者に本質的な違いはないだろう。いずれも何か分からない何ものかが生まれてくるという感覚を伴うであろうし，何かが展開している，という感覚が起こるだろう。いずれも審美的な経験である。私たちはセラピーをしていて，たしかに「ああ，美しい」と感動する瞬間がある。それは感覚的な美とは異なる。同じように，芸術においても，美しいと感じる瞬間はあるが，それもまた感性的な，感覚的な美とは異なるだろう。

何故，音楽なのか？

　現代の芸術は，直接的・感覚的・常識的な美からはかけ離れて来ていると言えるだろう。実際，芸術といっても，詩や文学などでは，いきなり美しいと感じることはほとんどない。これらはそれ自体としては美とは別個の存在である。それに比べると，音楽の場合には，現代的な曲であっても美しいと感じられる場合もあるが，通常は直接美が伝わってくるわけではなく，やはり私たちに考えることを求めるのである。そう言われると「何を考えることを求めるのか？」と聞きたくなるものだが，言葉でないものを言葉で考えなければならないのだから，私たちは，どうしてこのような表現が用いられるのか，とか，作品や作曲家の背景などを言うこととかで，何とか答を誤魔化そうとするだろう。とにかく曲を聞いてみて欲しい，では答えにならないのである。その点では，絵画も同様である。フランシス・ベーコンの絵は，それ自体としては美しいとは言い難いと言うことになるのだろう。しかし，最初から見ることを全く拒否するのでさえなければ，これは私たちに考えることを求める絵である。つまり現代では，審美的経験は，考えることを通してしか，そしてそのことを繰り返して反芻することを通してしか享受出来ないものである（そもそも考えることは美しいことではないのか？）。しかし，その一方で，私たちは，いつも考え続けるのは消耗するということでもあり，それを放り出してしまいたい，という気持ちになることもある。しかし，それではかつての音楽や絵画はどうだったのだろうか？　それらの多くは宗教と密接に結びついており，美しいかどうかについて考える必要などなかったのかもしれないが，私たちは，日々，それらを経験するうちに美しいと思うようになったのではないだろうか，と思う。そうして宗教的文脈から外れても，私たちに審美的経験を与えるものがあることが理解されるようになり，それが芸術となったと思われる。

　芸術と精神分析の重なり合いは，もちろん審美性には限らない。というのは，両者の経験の構造自体に共通性が見られると私は思うからであるが，以下でそのことを論じていきたい。ここではテーマを音楽に限定して論じたいと思うが，それは音楽では，経験することが必要不可欠だからである。

ただ楽譜を眺めていても、音楽は浮かび上がってこない。音楽には経験しなければ（すなわち、演奏するか聴いてみなければ）分からない、という側面がある。いくらプルーストが言葉を尽くしても、ヴァントゥイユのソナタがどんな曲なのかは分からない[注36]。分からないからこそ、私たちは、その曲を聴きたいと熱望し、それを追い求めようとするのだが、そうすることでそこに「愛」が現れることは確かである。また、私たちは同時に二つの音楽を聴くことは出来ないことも、経験するしかないという音楽の一つの側面を浮かび上がらせるものだと思う。

　普通の私たちは通常余り作曲はしないので、ここでは音楽を演奏することと聴くことに話を絞っても良いと思う。音楽に限らず、芸術において、演奏することや聴くことは、それ自体が創造的な経験であると言ってよいと思う。作曲家のイデアにしばられてはいても、私たちは何かを創っているという、自分の中で何かが生み出されているという経験をしている。普通の音楽には調性があり、リズムも一定で分かりやすく、和声も一般的であり、歌詞をつけて歌うことも出来る。もっとも、それでは音楽を単に消費しているだけ、と言うことになるのかもしれない。私たちは繰り返し同じ音楽を聴く。時間は1回きりのものなのに、何回も繰り返して聴き、その度に創造的な経験をしている。しかも、そもそも音楽自身には繰り返しが多い。歌であれば、同じ旋律をもとに何遍も歌うのはありふれたことであり、ソナタ形式（ソナタ形式では二つの関連性のある主題が提示され、それが発展展開して頂点に達し、その後再現される）や変奏曲形式では繰り返すことが構造化されている。ある演奏を聴いて、感動で涙を流すことはたいていは一度きりであるのだが、どうして私たちは同じその曲を繰り返し聴くのだろうか？　その一方で、同じ曲であることには変わりないのに、小学生が練習しているときは聴くに堪えないことがあるのは何故なのか？　しかし、繰り返しといってもまったく同じことが繰り返されるわけ

注36）ヴァントゥイユのソナタは、『失われた時を求めて』に繰り返し登場する架空のピアノ曲であるが、それを聞く度に主人公（話者）は、愛する対象に対する想いと、それがどうしても手に入らないことに対するやるせなさに捉われる。ラカンは、このようなものを欲望の対象と呼ぶが、このソナタ自体が、ある種の喚起的対象であることは間違いなく、小説を読んでいる私たちも、そこから様々な連想を呼び起こされるものである。曲そのものは、プルーストと親交があったレオナルド・アーンの作品や、フォーレやショパンのピアノ曲をモデルにしていると言われる。（愛については、稿を改めて論じたい。）

ではない。何かしら少しずつ違っていく,と言えるかもしれない。いずれにせよ音楽にはこのように,何か特別なことがあるようである。それは,私たちの子宮内の体験にまで辿ることが可能かもしれないが,その点について論じることは,本書の範疇を超えるものなので,ここでは措いておきたい。私がこの章で主張したいのは,繰り返すことと,経験しなければ味わうことが出来ないという音楽の特徴は,実は精神分析,心理療法と重なり合う点が多いということである。

　精神分析では,毎回同じようにセッションが繰り返される。語られる中身,つまり内容は毎回異なるが,それは表向きの違いであり,本当に何が違っている(展開している)のかは,分からないこともしばしばある。同じように音楽の演奏は楽しいが,今,何が展開しているのかはしばしば謎めいている。このように,精神分析と音楽では,大きな構造は共通していると言えるだろう。それ故,精神分析を経験することと,音楽を経験することも,共通するといえるのでないか。音楽が繰り返されるように,精神分析においても,患者は繰り返し考え,考えては話し,また考えるのであるが,治療者もまた,その話を聴きながら考えていく。患者も治療者も,今,ここでは何が行われているのか,どこに向かっているのかは分からないのである。

「これは音楽ではない」

　音楽を演奏したり聴いたりすることで,私たちが求めているのは審美的瞬間 aesthetic moment である。これは音楽に限ったわけではないのだろうが,そういった審美的瞬間のことを,ボラスは,「主体は審美的な対象と自我との融合を通して,変形性対象に向けての主観的な態度の感覚を,束の間再体験する」と述べている。つまり,審美的瞬間には,対象との深い主観的交流が起こり,実存的な起源がある融合感覚が生まれるのであるが,私たちは,この瞬間がいつ来るのかを予測することは出来ない(かつて,そのような瞬間が到来した時の音楽を再度聞いたとしても,私たちは「あのときは素晴らしかった」と,その思い出を再体験することが出来るだけで,審美的瞬間そのものを再体験することは出来ないだろう。そうい

う意味で,繰り返して音楽を聴いているときは,私たちは音楽を消費しているということになるかもしれない)。そうした瞬間は,求めていなくても突然体験できるかもしれないが,求めていればこそ体験できる,というものであるかもしれない。また,現代社会はかつてないほど複雑になっており,そうした様々な要素を無視して,唯々審美的瞬間を追い求めていて良いのだろうか,ということもあり,芸術家自身もそういうことを考えながら創作するので,美を経験するためには作品が私たちに考えることを強いることを受け入れなければならない。

　音楽では,演奏家の関与する度合いが大きい。演奏家なくして音楽はあり得ず,演奏家次第で,作品が台無しになることもあれば,その逆もあり得る。音楽ではその点が明確であるが,その他の芸術分野でも,例えば美術品であればそれがどこに飾られているか(美術館や画廊を誰が作り,誰が運営しているのか),小説でも本を作る出版社の関与があり(本としての体裁がなければ,私たちは読むことが出来ない),そういうことを私たちは忘れているかもしれないが審美的経験にはそういう要素もかかわってくる。そして音楽では聴衆が必要である。作曲家の作品を演奏する演奏家を聴く聴衆が居て初めて,音楽的経験は一つのものとなるのである。

　ところで,音楽家の演奏に対して(これはクラシック音楽に限られるかもしれないが),「これは音楽である」あるいは「これは音楽でない」という表現がしばしば用いられる。ここで言う「音楽」とはいったい何なのか,また,どうして他人の演奏に対して,そういうことが言えるのだろうか? 「音楽」という言葉で表されているのは,その演奏によって自分の審美性が動かされるかどうかということなのだろうと思う。つまり,それまでに別の音楽によって動かされた経験があれば,それが「音楽」であるかどうかが判断できる,ということなのだろう。

　ところで,音楽家自身はこうした審美的瞬間をどのように捉えているのだろうか? これは,演奏家によってずいぶん違うと思うので,20世紀を代表する二人のピアニスト,リヒテルとグールドについて比較して検討してみたい。スヴャトスラフ・リヒテル Sviatoslav Richter (1915—1997) は,現代ロシアの代表的ピアニストである。彼は名前があらわすようにドイツ系だが,独学でピアノを学んだ後,当時ロシアの代表的なピアノ教師

リヒテル　　　　　　　　グールド

ネイガウスに学び，スターリン時代のソ連を代表するピアニストになった。しかし，ドイツ系であることもあって，1960年までソ連国外に出ることが出来ず，「幻のピアニスト」と言われたこともあった。彼は，ソ連時代には秘密警察から目をつけられており，生命の危険を感じたこともあったらしいが，内心は政治体制に反感を抱いていたとしても，積極的に政治的な発言をすることはなく，ひたすら芸術至上の活動を行っていた。彼は，政治的に何らかの主張があるというよりは，根本的にインディペンデントな人だったのだと思う。そのため，権力におもねることは嫌った。彼は，ソ連国中を演奏旅行し，どんな場所でも，どんなピアノでも弾く，と言い，生涯のコンサート回数は4000回を超えたと言われている。彼は録音を好まず，聴衆とのやり取りが反映する生演奏を好んだ。また，余り有名ではない曲を好んで弾き，膨大なレパートリーを弾いたことでも知られている。彼は，「自分は何の解釈もしていない。自分は楽譜にあるがままに演奏しているだけである」，と主張し，それが作曲家のイデアを表現するのにもっとも相応しい方法である，と述べている。これはビオンの「記憶することなく，欲望することなく」を，あるいはフロイトが鏡の比喩を用いたことを髣髴とさせるものである（しかし，鏡が正確に映し返すものでもないことを私たちは知っている）。彼は，演奏に当たっては，自分の個性を消すことが大事と言うのだが，そうやって演奏することで，もっとも個性的になる，というパラドックスがある。もちろん，作曲家のイデアが伝わるように，彼が様々な工夫を凝らしていることは事実である。リヒテルの演奏は，ミスタッチを怖れないところがあるのだが，リズム，テンポ，ディナミークは尊重される。リヒテルの実演を聞いたことのある人は誰でも言う

ことであるが，彼の演奏は独特で，聴いている人はその演奏に引き込まれていく。思わず涙が溢れることもある。そこで何が起こっているかを言葉で言い表すことは困難なのだが，何か「音楽」そのものと出会うような経験なのである。リヒテルは，「演奏家は，音楽を支配するのではなく，音楽に溶け込まなければなりません」と言うのだが，彼の演奏を通して，私たちは審美的瞬間に到達している，と言うことしかできないだろう。

　一方，グレン・グールド Glenn Gould (1930―1980) は，カナダ出身のピアニストであるが，メディアに対する考え方はリヒテルとは対極的で，生演奏では不確定的な要素が多く含まれてしまう，と演奏会を好まず，27歳からは演奏会活動を一切断ち切って，録音とテレビ出演に活動を限定した。彼は，これからのピアニストは，演奏会で活動するのではなく，メディアを通して活動を行うべきである，と主張した。それは，今日の音楽状況を考えるならば，時代を先取りしたものということが出来るかもしれない。彼は，自分の演奏が聴衆によって左右されるのは嫌だと主張している。グールドは，奇矯な行動でも知られ，演奏でも独特の身振りや歌が混じったが，それを録音や録画でも見ることが出来る。彼は，自分用に特別に調整されたピアノ（鍵盤が特別に柔らかかったらしい）を弾き，特別に低い椅子に座って，前屈みで演奏していた。一方，彼は，モーツアルトやバッハといった大作曲家の作品であっても，その時代にそぐわなければ改変されるべきであると主張し，自分のオリジナリティを表現するためには，楽曲の改変も辞さない，という姿勢で録音を行った。もっとも，バッハの曲は本来チェンバロ用に作曲されたものであるし，モーツアルトの曲も現代のものとは大きく異なるピアノフォルテ用に作曲されたものであり，それを現代ピアノで演奏すること自体が，現代的な解釈であるといえるだろう。しかし，グールドはさらに，テンポや繰り返しなどを大きく変更している。いずれにせよ，その結果，私たちはとてもユニークで個性的なモーツアルトやバッハを聴くことが出来るわけだが，それはグールドにしか弾けない独特の美であり，果たして私たちが聴いているのはモーツアルトなのか，グールドなのか，判然としがたい，ということがある。グールドの演奏は，全て録音として私たちの手元に届くので，審美的瞬間は，そうした録音を通して，いつでも私たちの手元に到達する。

この二人は，ほぼ同時代に活躍し，お互いに尊敬しあっていたとも言われているが，二人のアプローチの仕方は全く異なる。リヒテルは録音を好まず，聴衆と交流がし合える演奏会を好んだ。そのためスタジオ録音はきわめて少なく，録音の大部分はコンサートの記録である。一方，グールドは聴衆との相互作用に煩わされる可能性のある演奏会を好まず，自分自身とのみ対話するスタジオ録音を好んでいる。しかし，二人とも自分自身を見つめながら，私たちに審美的瞬間を伝えようと奮闘したという点では共通していると考えられる。その作業に私たちを引きこまれていくのである。

音楽と精神分析

音楽を聴くことは誰にでも出来るが，演奏するとなると，それなりの習熟を求められる。そのために私たちは練習し，レッスンを受ける。音楽の演奏には技術の上達は欠かせないが，単に，技術的な上達を求めて，練習を繰り返している人は極めてまれだろう。私たちは，繰り返しながら，自分たちの中で音楽を聴こうとしている。もちろん，私たちの演奏は下手だが，繰り返すことによって，少しずつ音楽に近づいていく場合もあれば，永遠にそのような接近が見られない場合もある。一方，レッスンを受けると，余程のことがない限り，私たちの演奏は必ず上達する。レッスンの前後で何が違うのかを言葉にすることは困難である。ある種の変形される経験である，としか言いようがないだろう。それでは誰かに聴いてもらうだけで良いのであろうか？ 自分一人で弾いているよりはその方がはるかに良いのであるが，レッスンではさらにそれに何かが付加される。それは聴いている人のイディオムである。レッスンを受けることとスーパーヴィジョンを受けることが類似していることは一目瞭然である。スーパーヴィジョンでも私たちはスーパーヴァイザーのイディオムを通して変形される。しかし，スーパーヴィジョンだけでなく，セラピー自体がそのようなものであり，患者は治療者によって変形を受けている，と言えるだろう。演奏であれ，セラピーであれ，私たちは一人でやっているのではないことを，あらためて知るのである。

音楽を通して審美的瞬間を体験した人にとって，「これは音楽ではない」

ということが歴然としているように，精神分析，心理療法の中で審美的瞬間を体験した人であれば，同じように，「これはセラピーではない」と言い得るかもしれない。このテーマは，一体精神分析や心理療法は何を目指しているのか，ということと関わるだろう。本書の序章でも述べたように，精神分析は無意識を意識化することから始まったが，「目的を掲げて，その達成を目指す」ことから，「成長を図る，あるいは理解や認識を深める」ことへと転換していった。明確な目標をめざしたものから，日々修練し，体験することへの転換である。この目標は，音楽を演奏することと重なり合うのでないかと私は思う。

　音楽を演奏することは何を目指しているのか？　コンサートで完璧な演奏をすることを目指しているのではもちろんないだろう。レッスンを受けていれば，先生から，「完成しましたね」とか，「これで合格にしましょう」とかと言われることはあるかもしれないが，それは本当に完成しているわけでもない。そもそも一体何が完成しているのだろうか？　昔，私も発表会なるものに出たことがあったが，その当時の私はそれを目指すことに全力を傾けたのだが，実際に発表会で弾いてみて，それは一時的充実感や達成感をもたらしてくれたものの，終わってからふり返ってみて何かに到達しているわけでもない，と思った。もちろん，これは単なる儀式であって，何の指標にもなるものではないというのは言い過ぎである。しかし，単なる通過点という側面もあり，私たちの行いは全てそういうものかもしれないのである。その点に関してはプロの演奏家も同じであり，リヒテルは演奏会の後で，そのコンサートの曲をよく練習していたと言う。

　こうしたことは，セラピーでも同じであると言えよう。セラピーにおいても，患者は，症状の解消，適応の改善などを求めて来るだろう。しかし，それらは表面上の問題に過ぎないことは，実際のセラピーの展開を見れば分かることである。精神分析理論は，たとえ症状が解消されたように見えてもそれは表面的，一時的なことに過ぎず，常に自分を見つめる作業は継続しなければならない，と主張している。特に自由連想が展開しているときは，一体自分たちはどこにいるのか見当がつかなくなることが起こり得る。もちろん，精神分析も，セラピーも，何時かは終わるものであり，そのために終結の作業もある。これは演奏家も一緒だと思う。しかし，演奏

家が一生音楽を求めるように，私たちが自分を見つめる作業にも終わりはなく，毎日その作業を繰り返すことになるのである。

　最後にウィニコットの言葉を引用して本書を締めくくりたい。「私の立場はチェロ奏者に譬えることが出来るでしょう。チェロ奏者はまず，最初は技術を身につけるために努力し，それから技術は当たり前のこととして，実際に音楽を奏でられるようになるのです。」(『子どもの治療相談面接』)

文 献

Abram, J. (1996) : The Language of Winnicott: A Dictionary of Winnicott's Use of Words. Karnac, London. 館直彦（監訳）(2006)：ウィニコット用語辞典. 誠信書房, 東京

Alexander, F. (1950) : Psychosomatic Medicine: Its Principles and Applications. W.W. Norton, New York. 末松弘行（監訳）(1989)：心身医学の誕生. 中央洋書出版部, 東京

東浩紀（2001）：動物化するポストモダン：オタクから見た日本社会. 講談社現代新書, 東京

Balint, M. (1952) : Primary Love and Psycho-Analytic Technique. Tavistock Publications Ltd., London. 森茂起, 枡矢和子, 中井久夫（訳）(1999)：一次愛と精神分析技法. みすず書房, 東京

Balint, M. (1968) : The Basic Fault: Therapeutic Aspects of Regression. Tavistock Publications Ltd., London. 中井久夫（訳）(1978)：治療論からみた退行. 金剛出版, 東京

Bion, W. (1963) : Elements of Psycho-Analysis. William Heinemann Medical Books, London. 福本修（訳）(1999)：精神分析の要素. In 福本修（訳）(1999)：精神分析の方法 I：セブン・サーヴァンツ, pp.117-212. 法政大学出版局, 東京

Bion, W. (1965) : Transformations. William Heinemann Medical Books, London. 福本修, 平井正三（訳）(2002)：変形. In 福本修, 平井正三（訳）(2002)：精神分析の方法 II：セブン・サーヴァンツ, pp.1-192. 法政大学出版局, 東京

Bion, W. (2005) : The Tavistock Seminars. Karnac, London.

Bleuler E. (1908) : Die Prognose der Dementia praecox (Schizophreniegruppe). Allgemeine Zeitschrift für Psychiatrie und Psychisch-Gerichtliche Medizin 65, 436-464

Bollas, C. (1987) : The Shadow of the Objects: Psychoanalysis of the Unthought Known. Columbia University Press, New York. 館直彦（監訳）(2009)：対象の影：対象関係論の最前線. 岩崎学術出版社, 東京

Bollas, C. (1992) : Being a Character: Psychoanalysis and Self-Experience. Hill & Wang, New York.

Bollas, C. (1993) : The Aesthetic Moment and the Search for Transformation. In Rudnytsky, P (Ed) (1993) : Transitional Objects and Potential Spaces: Literary Uses of D. W. Winnicott, pp.40-49. Columbia University Press, New York.

Bollas, C . (1995) : Cracking Up: The Work of Unconscious Experience. Routledge, London.

Bollas, C. (1999) : The Mystery of Things. Routledge, London and New York. 館直彦, 横井公一（監訳）(2004)：精神分析という経験：事物のミステリー. 岩崎学術出版社, 東京

Bollas, C. (2004) : Dark at the End of the Tunnel. Free Association Books, London.

Bollas, C. (2005) : I Have Heard The Mermaids Singing. Free Association Books, London.

Bollas, C. (2005) : Therapy and Other Plays. Free Association Books, London.

Bollas, C. (2006) : Mayhem. Free Association Books, London.

Bollas, C. (2007) : The Freudian Moment. Karnac, London.

Bollas, C. (2009) : The Evocative Object World. Routledge, London and New York.

Bollas, C. (2009) : The Infinite Question. Routledge, London and New York. 館直彦（訳）(2011)：終わりのない質問. 誠信書房, 東京

Bollas, C. (2010) : Character and interformality. The Japanese Journal of Psycho-Analysis 54, 216-227　館直彦（監修）(2010)：性格とインターフォーマリティ. 精神分析研究　54, 204-215

Bollas, C. (2011) : The Christopher Bollas Reader. Routledge, London and New York.

Bollas, C. China on the Mind (in printing). Routledge, London.

Borisov, Y. (2000) : Po napravleniyu k Rikhteru. Rutena, Moscow.　宮澤淳一（訳）(2003)：リヒテルは語る：人とピアノ, 芸術と夢. 音楽之友社, 東京

Bowlby, J. (1969-1980) : Attachment and Loss, Volume Ⅰ, Ⅱ, Ⅲ. Hogarth, London.　黒田実郎ほか（訳）(1976-1981)：母子関係の理論Ⅰ, Ⅱ, Ⅲ. 岩崎学術出版社, 東京

Breuer, J. and Freud, S. (1895) : Studies on Hysteria. In SE Ⅱ, pp.18-305. Hogarth, London. 懸田克躬（訳）(1974)：ヒステリー研究. フロイト著作集7. 人文書院, 京都

Bruch, H. (1974) : Eating Disorders. Routledge and Kegan Paul Ltd., London.
Casement, P. (1985) : On Learning from the Patient. Tavistock Publications Ltd., London. 松木邦裕（訳）(1991)：患者から学ぶ：ウィニコットとビオンの臨床応用．岩崎学術出版社，東京
Casement, P. (1990) : Further Learning from the Patient. Routledge, London. 矢崎直人（訳）(1995)：さらに患者から学ぶ：分析空間と分析過程．岩崎学術出版社，東京
Casement, P. (2002) : Learning from our Mistakes: Beyond Dogma in Psychoanalysis and Psychotherapy. The Guilford Press, New York. 松木邦裕（監訳）(2004)：あやまちから学ぶ：精神分析と心理療法での教義を超えて．岩崎学術出版社，東京
Casement, P. (2006) : Learning from Life: Becoming a Psychoanalyst. Routledge, London. 松木邦裕（監訳）(2009)：人生から学ぶ：ひとりの精神分析家になること．岩崎学術出版社，東京
Coltart, N. (1993) : How to Survive as a Psychotherapist. Sheldon Press, London. 館直彦（監訳）(2007)：精神療法家として生き残ること．岩崎学術出版社，東京
Coltart, N. (1999) : Slouching towards Bethlehem... The Guilford Press, New York and London.
Corrigan, E.G. and Gordon, P.-E. (Ed) (1995) : The Mind Object: Precocity and Pathology of Self-Sufficiency. Jason Aronson Inc., New Jersey.
Deuleuze, G. (1969) Logigue de Sens (Editions du Minuit). 山縣熙（訳）(2004)：感覚の論理―画家フランシス・ベーコン論．法政大学出版局，東京
Deutsch, H. (1942) : Some forms of emotional disturbance and their relationship to schizophrenia. In Sutherland J.D. and Khan, M. (Ed) (1965) : Neurosis and Character Type: Clinical Psychoanalytic Studies. Hogarth, London.
Fairbairn, W.R.D. (1940) : Psychoanalytic Studies of the Personality. Routledge, London. 山口泰司（訳）(1992)：人格の精神分析学．文化書房博文社，東京
Fenichel, O. (1945) : The Psychoanalytic Theory of Neurosis. W.W. Norton, New York.
Ferenczi, S. (1913) : The 'Grandfather Comprex'. In Ferenczi, S. (1926) : Further Contributions to the Theory and Technique of Psycho-Analysis. Boni and Liveright Publishers, New York.
Ferenczi, S. (1913) : Flatus as an Adult Prerogative. In Ferenczi, S. (1926) : Further Contributions to the Theory and Technique of Psycho-Analysis. Boni

and Liveright Publishers, New York.

Ferenczi, S. (1913) : Childish Ideas of Digestion. In Ferenczi, S. (1926) : Further Contributions to the Theory and Technique of Psycho-Analysis. Boni and Liveright Publishers, New York.

Ferenczi, S. (1913) : The Cause of Reserve in a Child. In Ferenczi, S. (1926) : Further Contributions to the Theory and Technique of Psycho-Analysis. Boni and Liveright Publishers, New York.

Ferenczi, S. (1915) : Two Typical Faecal and Anal Symptoms. In Ferenczi, S. (1926) : Further Contributions to the Theory and Technique of Psycho-Analysis. Boni and Liveright Publishers, New York.

Ferenczi, S. (1919) : Disgust for Breakfast. In Ferenczi, S. (1926) : Further Contributions to the Theory and Technique of Psycho-Analysis. Boni and Liveright Publishers, New York.

Ferenczi, S. (1919) : Nakedness as a Means for Inspiring Terror. In Ferenczi, S. (1926) : Further Contributions to the Theory and Technique of Psycho-Analysis. Boni and Liveright Publishers, New York.

Foucault, M. (1966) : Les Mots et Les Choses. Gallimard, Paris.　渡辺一民，佐々木明（訳）（1974）：言葉と物：人文科学の考古学．新潮社，東京

Freud, S. (1900) : The Interpretation of Dreams. In SE IV, V. Hogarth, London. 高橋義孝（訳）（1968）：夢判断．フロイト著作集2．人文書院，京都

Freud, S. (1901) : The Psychopathology of Everyday Life. In SE VI. Hogarth, London.　池見酉次郎，高橋義孝（訳）（1970）：日常生活の精神病理学．フロイト著作集4．人文書院，京都

Freud, S. (1905) : Jokes and their relation to the unconscious. In SE VIII. Hogarth, London.　生松敬三（訳）（1970）：機知：その無意識との関係．フロイト著作集4．人文書院，京都

Freud, S. (1911) : Formulations on the two principles of mental functioning. In SE XII, pp.213-226. Hogarth, London.　井村恒郎（訳）（1970）：精神現象の二原則に関する定式．フロイト著作集6．人文書院，京都

Freud, S. (1911) : The handling of dream-interpretation in psycho-analysis. In SE XII, pp.89-96. Hogarth, London.　小此木啓吾（訳）（1983）：精神分析技法中における夢解釈の使用．フロイト著作集9　技法・症例篇．人文書院，京都

Freud, S. (1912) : Recommendations to physicians practicing psycho-analysis. In SE XII, pp.109-120. Hogarth, London.　小此木啓吾（訳）（1983）：分析医に対する分析治療上の注意．フロイト著作集9　技法・症例篇．人文書院，京都

Freud, S. (1913) : On beginning the treatment （Further recommendations on the technique of psycho-analysis Ⅰ). In SE Ⅻ, pp.121-144. 小此木啓吾(訳)(1983):分析治療の開始について(精神分析技法に対するさらなる忠告Ⅰ). フロイト著作集9 技法・症例篇. 人文書院, 京都

Freud, S. (1914): The Moses of Michelangelo. In SE ⅩⅢ, pp.209-238. Hogarth, London. 高橋義孝(訳)(1969):ミケランジェロのモーゼ像. フロイト著作集3 文化・芸術論. 人文書院, 京都

Freud, S. (1915): The unconscious. In SE ⅩⅣ, pp.159-204. Hogarth, London. 井村恒郎(訳)(1970):無意識について. フロイト著作集6. 人文書院, 京都

Freud, S. (1916): Some Character-Types Met with in Psycho-Analytic Work. In SE ⅩⅣ, pp.309-334. 佐々木雄二(訳)(1970):精神分析的研究からみた二,三の性格類型. フロイト著作集6. 人文書院, 京都

Freud, S. (1920): Beyond the pleasure principle. In SE ⅩⅧ, pp.1-64. Hogarth, London. 小此木啓吾(訳)(1970):快感原則の彼岸. フロイト著作集6. 人文書院, 京都

Freud, S. (1923): Two encyclopaedia articles. In SE ⅩⅧ, pp.233-259. Hogarth, London. 高田淑(訳)(1984):「精神分析」と「リビード理論」. フロイト著作集11 文学・思想篇Ⅱ. 人文書院, 京都

Glover, N. (2009): Psychoanalytic Aesthetics: An Introduction to the British School. Karnac, London.

Gunderson, J.G. (1988):Personality Disorder. In Nicholi, A.M. (Ed) (1988): The New Harvard Guide to Psychiatry, pp.337-357. The Belknap Press of Harvard University Press, London.

Hoffman, I.Z. (2006): The myths of free association and the potentials of the analytic relationship. International Journal of Psycho-Analysis 87, 43-61.

Jacobson, E. (1964): The Self and the Object World: Vicissitudes of their Infantile Cathexes and their Influence on Ideational and Affective Development. International Universities Press, Boston. 伊藤洸(訳):(1990):自己と対象世界:アイデンティティの起源とその展開. 岩崎学術出版社, 東京

Jebb, R.C. (1914): Sophocles, Part Ⅰ: Oedipus Tyrannus. Cambridge University Press, Cambridge. 藤沢令夫(訳)(1967):オイディプス王. 岩波文庫, 東京

狩野力八郎(2002):重症人格障害の臨床研究:パーソナリティの病理と治療技法. 金剛出版, 東京

Kernberg, O.F. (1976): Object Relaations Theory and Clinical Psychoanalysis. 前田重治(監訳)(1983):対象関係論とその臨床. 岩崎学術出版社, 東京

Khan, M. (1974): The Privacy of the Self: Papers on Psychoanalytic Theory and Technique. International Universities Press Inc., Boston.

Khan, M. (1979) : Alienation in Perversions. Hogarth, London.

Khan, M. (1983) : Hidden Selves: Between Theory and Practice in Psychoanalysis. Hogarth, London.

Klein, M. (1935) : A contribution to the psychogenesis of manic-depressive states. In The Writings of Melanie Klein Volume 1. Hogarth, London. 安岡誉（訳）(1983)：躁うつ状態の心因論に関する寄与. メラニー・クライン著作集3. 誠信書房, 東京

Klein, M. (1946) : Notes on some schizoid mechanisms. In The Writings of Melanie Klein Volume 3. Hogarth, London. 狩野力八郎, 渡辺明子, 相田信男（訳）(1983)：分裂的機制についての覚書. メラニー・クライン著作集3. 誠信書房, 東京

Kretschmer, E. (1925) : Physique and Character: An Investigation of the Nature of Constitution and of the Theory of the Temperament. Kegan, Paul, Trench, Truber & Co., London. 斎藤良象（訳）(1944)：体格と性格. 肇書房, 東京

Kris, A.O. (1982) : Free Association: Method and Process. Yale University, New Haven. 神田橋條治, 藤川尚宏（訳）(1987)：自由連想：過程として　方法として. 岩崎学術出版社, 東京

Kris, E. (1952) : Psychoanalytic Explorations in Art. International University Press, New York. 馬場禮子（訳）(1976)：芸術の精神分析的研究. 岩崎学術出版社, 東京

Lacan, J. (1966) : Écrits. Seuil, Paris. 宮本忠雄ほか（訳）(1972-1981)：エクリ I, II, III. 弘文堂, 東京

Mahler, M., Pine, F., and Bergman, A. (1975) : The Psychological Birth of the Human Infant: Symbiosis and Individuation. Hutchson and Co. Ltd., London. 高橋雅士, 織田正美, 浜畑紀（訳）(2001)：乳幼児の心理的誕生：母子共生と個体化. 黎明書房, 名古屋

Marty, P., M'Uzan, M. and David, C. (1963) : L'investigation Psychosomatique. Presses Universitaire de France, Paris.

Masson, J.M. (Ed) (1985) : The Complete Letters of Sigmund Freud to Wilhelm Fliess, 1887-1904. Belknap Press, Cambridge. 河田晃（訳）(2001)：フロイト　フリースへの手紙　1887-1904. 誠信書房, 東京

McDougall, J. (1980) : Plea for a Measure of Abnormality. International Universities Press Inc., Boston. (Originally published in French (1978): Plaidoyer Pour Une Certaine Anormalité. Gallimard, Paris.)

Meltzer, D. (1968) : Terror, persecution, dread: a dissection of paranoid anxieties. In Spillius, E.B. (Ed) (1988) : Melanie Klein Today: Developments in Theory and Practice Volume 1: Mainly Theory, pp.99-113. Routledge, London. 松木邦裕（監訳）（1993）：メラニー・クライン トゥデイ②思索と人格病理. 岩崎学術出版社，東京

Melville, H. (1851) : Moby-Dick. Harper and Brothers, New York. 八木敏雄（訳）（2004）：白鯨 上，中，下. 岩波文庫，東京

Menninger, K.A. (1958) : Theory of Psychoanalytic Technique. Basic Books, New York. 小此木啓吾，岩崎徹也（訳）（1965）：精神分析技法論. 岩崎学術出版社，東京

Milner, M. (1950) : On Not Being Able to Paint. Heinemann Educational Books Ltd., Portsmouth.

Milner, M. (1969) : The Hands of the Living God. Hogarth, London.

Mitchell, S.A. (1988) : Relational Concepts in Psychoanalysis. Harvard University Press, Cambridge. 鑪幹八郎（監訳）（1998）：精神分析と関係概念. ミネルヴァ書房，京都

Mitchell, S.A. and Greenberg, J. (1983) : Object Relations in Psychoanalytic Theory. Harvard University Press, Cambridge. 横井公一（監訳）（2001）：精神分析理論の展開：欲動から関係へ. ミネルヴァ書房，京都

Ogden, T.H. (1977) : Subjects of Analysis. Jason Aronson Inc., New Jersey. 和田秀樹（訳）（1996）：あいだの空間：精神分析の第三主体. 新評論，東京

Ogden, T.H. (1986) : The Matrix of the Mind: Object Relations and the Psychoanalytic Dialogue. Jason Aronson Inc., New Jersey. 狩野力八郎（監訳）（1996）：こころのマトリックス：対象関係論との対話. 岩崎学術出版社，東京

Ogden, T.H. (1999) : Reverie and Interpretation: Sensing Something Human. Karnac, London. 大矢泰士（訳）（2006）：もの想いと解釈：人間的な何かを感じとること. 岩崎学術出版社，東京

Ogden, T.H. (2002) : Conversations at the Frontier of Dreaming. Karnac, London. 大矢泰士（訳）（2008）：夢見の拓くところ：こころの境界領域での語らい. 岩崎学術出版社，東京

小此木啓吾（編集代表）（2002）：精神分析事典. 岩崎学術出版社，東京

Parsons, M. (2000) : The Dove that Returns, The Dove that Vanishes: Paradox and Creativity in Psychoanalysis. Routledge, London and Philadelphia.

Proust, M. (1913-1927) : A la recherche du temps perdu. (Volume 1 published by Grasset, Paris, 1913 and rest of volumes published by NRF, Paris, 1918 1927.) 鈴木道彦（訳）（1996-2001）：失われた時を求めて 全13巻 集英社，

東京.

Roberts, J.P.L. and Guertin, G. (Ed) (1992) : Glenn Gould: Selected Letters. Oxford University Press, Toronto. 宮澤淳一(訳)(1999):グレン・グールド書簡集. みすず書房, 東京

Rodman, F.R. (Ed) (1987) : The Spontaneous Gesture. Harvard University Press, Cambridge. 北山修, 妙木浩之(監訳)(2002):ウィニコット書簡集(ウィニコット著作集 別巻1). 岩崎学術出版社, 東京

Rollins, H.E. (Ed) : The Letter of John Keats:1814-1821 Volume 1 and 2. Harvard University Press, New York.

Rosenfeld, H. (1964) : On the psychopathology of narcissism: A clinical approach. International Journal of Psycho-Analysis 45, 332-337

Rosenfeld, H. (1987) : Impasse and Interpretation: Therapeutic and Anti-Therapeutic Factors in the Psychoanalytic Treatment of Psychotic, Borderline, and Neurotic Patients. Tavistock Publications Ltd., London. 神田橋條治(監訳)(2001):治療の行き詰まりと解釈:精神分析療法における治療的/反治療的要因. 誠信書房, 東京

Segal, H. (1973) : Introduction to the Work of Melanie Klein (Enlarged and Revised). Hogarth, London. 岩崎徹也(訳)(1977):メラニー・クライン入門. 岩崎学術出版社, 東京

Sifneos, P.E. (1973) : The prevalence of "alexithymic" characteristics in psychosomatic patients. Psychotherapy and Psychosomatics 22, 255-262

Steiner, J. (1993) : Psychic Retreats: Pathological Organizations in Psychotic, Neurotic and Borderline Patients. Tavistock Publications Ltd., London. 衣笠隆幸(監訳)(1997):こころの退避:精神病・神経症・境界例患者の病理的組織化. 岩崎学術出版社, 東京

Strachey, J. (1934) : The Nature of the Therapeutic Action of Psycho-Analysis. International Journal of Psycho-Analysis 15, 127-159 山本優美(訳)(2003):精神分析の治療作用の本質. In 松木邦裕(編・監訳)(2003):対象関係論の基礎:クライニアン・クラシックス. 新曜社, 東京

Sylvester, D. (1987) : The Brutality of Fact: Interview with Francis Bacon. Thames and Hudson, London. 小林等(訳)(1996):肉への慈悲:フランシス・ベイコン・インタヴュー 筑摩書房, 東京

Symington, J. and Symington, N. (1996) : The Clinical Thinking of Wilfred Bion. Routledge, London. 森茂起(訳)(2003):ビオン臨床入門. 金剛出版, 東京

Symington, N. (1986) : The Analytic Experience: Lectures from the Tavistock.

Free Association Books, London. 成田善弘（監訳）(2003)：分析の経験：フロイトから対象関係論へ. 創元社, 大阪

Symington, N. (1993)：Narcissism: A New Theory. Karnac, London. 成田善弘（監訳）(2007)：臨床におけるナルシシズム：新たな理論. 創元社, 大阪

Symington, N. (1994)：Emotion and Spirit: Questioning the Claims of Psychoanalysis and Religion. Cassell, London. 成田善弘（監訳）(2008)：精神分析とスピリチュアリティ. 創元社, 大阪

館直彦（2004）：「用語集」 In 館直彦, 横井公一（監訳）(2004)：精神分析という経験：事物のミステリー. 岩崎学術出版社, 東京

館直彦（2010）：自由連想―その歴史と展開. 精神分析研究 54, 230-236

館直彦（2011）：精神分析を目指すことと音楽のレッスン. 学術通信 98, 12-14

牛場暁夫（2011）：『失われた時を求めて』交響する小説, 慶応義塾大学出版会, 東京

Winnicott, C., Shepherd, R. and Davis, M. (Ed) (1986)：Home Is Where We Start From. Penguin, London. 牛島定信（監修）(1999)：家庭から社会へ（ウィニコット著作集3). 岩崎学術出版社, 東京

Winnicott, C., Shepherd, R. and Davis, M. (Ed) (1984)：Deprivation and Delinquency. Tavistock Publications Ltd., London. 西村良二（監訳）(2005)：愛情剥奪と非行（ウィニコット著作集2). 岩崎学術出版社, 東京

Winnicott, C., Shepherd, R. and Davis, M. (Ed) (1987) : Babies and Their Mothers. Free Association Books, London. 成田善弘, 根本真弓（訳）(1993)：赤ん坊と母親（ウィニコット著作集1). 岩崎学術出版社, 東京

Winnicott, C., Shepherd, R. and Davis, M. (Ed) (1989) : Psycho-Analytic Explorations, pp.103-114. Karnac, London. 館直彦ほか（訳）(2001)：精神分析的探究1：身体と精神（ウィニコット著作集6) 岩崎学術出版社, 東京

Winnicott, D.W. (1958)：Collected Papers: Through Paediatrics to Psycho-Analysis. Tavistock Publications Ltd., London. 北山修（監訳）(2005)：小児医学から精神分析へ：ウィニコット臨床論文集. 岩崎学術出版社, 東京

Winnicott, D.W. (1965)：The Maturational Processes and the Facilitating Environment: Studies in the Theory of Emotional Development. Hogarth, London. 牛島定信（訳）(1977)：情緒発達の精神分析理論：自我の芽ばえと母なるもの. 岩崎学術出版社, 東京

Winnicott, D.W. (1971)：Playing and Reality. Tavistock Publications Ltd., London. 橋本雅雄（訳）(1979)：遊ぶことと現実. 岩崎学術出版社, 東京

Winnicott, D.W. (1971) : Therapeutic Consultations in Child Psychiatry. Hogarth, London. 橋本雅雄, 大矢泰士（監訳）(2011)：[新版]子どもの治療

相談面接．岩崎学術出版社，東京
Winnicott, D.W. (1977): The Piggle: An Account of the Psychoanalytic Treatment of a Little Girl. Hogarth and The Institute of Psycho-Analysis, London.
猪俣丈二，前田陽子（訳）(1980)：ピグル：分析医の治療ノート．星和書店，東京
Winnicott, D.W. (1988): Human Nature. Free Association Books, London.
牛島定信（監訳）(2004)：人間の本性：ウィニコットの講義録．誠信書房，東京
Wright, K. (2009): Mirroring and Attunement: Self-Realization in Psychoanalysis and Art. Routledge, London and New York.

【初出】

序章：盛岡精神分析セミナー講演「力動的視点は患者理解にどのように役立つか？」(2011年1月) をもとに改稿したもの

第1章：大阪精神分析セミナー講演「英国独立学派の展望：ウィニコットからボラスへ」(2011年3月) をもとに改稿したもの

第2章：東北精神分析セミナー講演「D.W. Winnicottの理論と臨床」(2011年1月) をもとに改稿したもの

第3章：書下ろし

第4章：書下ろし

第5章：書下ろし

第6章：みどり精神分析研究会講演「スキゾイド再考」(2012年1月) をもとに改稿したもの

第7章：第13回ウィニコット・フォーラム講演「ウィニコットの心身症論」(2011年12月) をもとに改稿したもの

第8章：ボラス・セミナー講演「作家クリストファー・ボラス」(2009年11月) をもとに改稿したもの

第9章：書下ろし

第10章：日本精神分析学会第55回大会シンポジウム演題「自由連想―その歴史と展望」(2009年11月) をもとに改稿したもの

第11章：日本精神分析学会第56回大会指定討論演題「終わりのない質問」(2010年11月) をもとに改稿したもの

第12章：日本精神分析学会教育研修セミナー講演「精神分析と審美性―創造性との慣例から―」(2011年11月) 及び学術通信「音楽を目指すということ―スヴャトスラフ・リヒテルのピアニズムを通して―」をもとに改稿したもの

あとがき

　最近，他の媒体が増えるにつれて，本はますます読まれなくなっていると仄聞する。精神分析は何よりもまず実践であることは言うまでもないが，精神分析を学ぶ上では，本を読むことも大事であると私は思っている。私自身の読書の経験を語ることで，後書きとしたい。

　私が読んだ精神分析の本で，最初に印象付けられたのは，グリーンソン Greenson, R. による『精神分析の技法と実践 Technique and Practice of Psychoanalysis. Vol.1（未邦訳）』だった。この本をどのような経緯で読むことになったのかは今となっては全く思い出せないが，私は患者について語るグリーンソンに魅惑されて，病院の行き帰りの電車の中で繰り返し読んでいたことは鮮明に覚えている。また，本文中でも触れたが，同じころに読んだウィニコットの『ピグル』も大変印象深かった本である。この本にはウィニコットとピグルのやり取りがそのまま描かれているのだが，精神分析のセッションとはこういうものなのだろう，と私は夢見ることが出来た。また，本書には邦訳があったが，私はきちんと読みたいと思って，自分用の訳を作りながら読んでいった。それ以降，私は，英語の本をちゃんと読むときは，自分で翻訳するのが一番だということを学び，結果的に沢山の翻訳を手掛けることになってしまった。この頃から，フロイトの伝記なども少しずつ読むようになった。それらの中で当時面白いと思ったのは，シュール Schur, M. の『フロイト―生と死』であり，この本から私は，『夢判断』やフリースとの書簡集へと導かれて行った。そうやって少しずつ精神分析への興味が深まって行った。

　しかし，私を精神分析の勉強へと駆り立てた本は，今述べたような精神分析関連の本ではなく，プルーストの『失われた時を求めて』であった。ご存じのように，この小説では，時間が一つのテーマとなっているが，過

去がふとしたきっかけから想起されていくなかで，主人公である話者の人生が物語られることを通して再体験され，生きる意味が探求されていく，というものである。また，この小説は，創造的であるとはどのようなことなのかというプルースト自身の問いが作品の形に結実したものであり，一生をかけて推敲に推敲を重ねて書かれた，いわばプルーストの全人生が反映した作品として読むことが可能である。20世紀最大の小説をこのようにまとめてしまっては，実も蓋もないと言われそうだが，この観点から見るならば，『失われた時を求めて』で描かれていることは，精神分析が目指すものとそう変わりはしない，と言い得るかもしれない。ただ，私がインスパイアされたのはそういう点ではない。

　私はこの小説を，最初は軽い気持ちで手に取ったのだが，そういう気持ちは最初の数ページで跳ね飛ばされた。一つ一つの文章がとても息が長いうえ濃密であることや，小説の人間関係や舞台が冒頭部分からだけでは分かり難いことから，簡単には歯が立たないことが分かった。この小説は，登場人物が多数であることや時間軸が入り組んでいることを含めて，複雑な構造となっているだけでなく，様々なテーマが重層的に展開するものであるため，ちょっと読んだだけでは全体像をつかむことは困難である。しかも，様々なモチーフは，お互いに絡み合いながらもゆっくりと展開し，全体として，どの文章一つをとっても無駄になっていない緊密なつながりがある一方で，一つ一つの語りは，モノローグであれダイアローグであれ，しばしば語ることに耽溺しているように見え，今ここで書かれていることがどう位置づけられるのかが簡単には分からない構成となっている。また，これは良く言われることであるが，話者についてはどうしてもプルーストその人を思い浮かべることになるのだとしても，登場人物たちは，どのような人物であるかが明確に描かれていないばかりか，むしろ不連続な存在として描かれている。しかし，それではこの小説が難解極まりないものかというとそうではなく，私たちは読めば読むほど，何か引き込まれていくように感じられる。たしかに，この小説を一気に読み切ることは困難であると思う。私も，少し読んでは立ち止まり，また少し読んで立ち止まる，という読み方をすることになった。気が付くと，同じところを繰り返し読んでいることもあったが，そのように読むことが出来るのは本の良いとこ

あとがき　173

ろであると思う。そうしながら，私はあれこれ連想している自分に気付くのだが，それはこの本が，意味を押し付けようとするのではなく，私たちに対話を促す開かれた構造を持っているからだと思う。プルーストは，年代的にはフロイトと重なり合うのだが，伝記によると，精神分析については全く何も知らなかったらしい（フロイトの著作の仏語訳が刊行されるのは，プルーストの没後である）。フロイトにも，プルーストを読んだ形跡はない。しかし，この小説の中でプルーストが用いている読者を対話へと誘う方法と，フロイトによる患者と治療者の対話を基盤とする精神分析の方法は，基本的に共通していると，私は思うようになった。プルーストの考えでは，読むという経験は，単にそれを受け取るだけではなく，読んだものを自分なりに読み返すことであり，そうすることによって創造的な経験となる。プルーストは，「読むことはひとつの創造行為だ」と語っており，「私の本の読者は，私の読者ではなく，彼らは自分自身のことを読む読者なのだ」とも語っているが，まさにその通りだと思う。一方，精神分析は，私たちが日々行っている対話について，対話しつつ考える，非常に優れた方法であると私は思う。

　私は，自分がやがて本を書くことがあるとするならば，それは自分の中の未だ言葉にならないものに接近しようとする試みなのだろうが，それは対話を通してしか実現できないものだろうとずっと夢想してきた。本書を書いた目的の一つは，読んで下さる方と対話することを通して，何がしかの連想を賦活出来れば，というものであった。しかし，よくよく考えてみると，私の書いたものにそのような力はない。私が対話したいと言ったところで，対話どころか，困惑を巻き起こすだけではないかと思った。私が，あれも言いたい，これにも触れておきたい，と思って，自分の興味のあるテーマを網羅しようとしたことや，そのつながりを無意識的にしてしまっていて説明が十分ではないことが，その傾向を助長していることは間違いないと思う。それで，読み返すたびに，校正をしているときでさえ，やっぱり出版は止めようか，と繰り返し思ったのであるが，そういった思いを何とか振りきって，ここまで漕ぎつけることが出来たのは，ひとえに周囲の励ましによるところが大きい。

　この本の元となっている諸考察は，私が日頃考えて，講演したり論文に

したりしたことから出発しているが、そういう考察が出来たのは、これまでに出会った患者さんたち、同僚たち、先生たちとの対話のお蔭である。特に、クリストファー・ボラス先生と出会えたことは、私の思考に大変強いインパクトを与えた。増尾徳行先生には、原稿を通読してコメントを頂いたばかりでなく、文献目録や、索引の作成で大変助けて頂いた。後藤素規先生からはコメントを頂いた上、序文まで書いて頂いた。特に記して感謝したい。また、岩崎学術出版社の唐沢礼子氏には、本書の完成まで、大変お世話になった。

最後に、一貫して私を支えてくれている妻純子に本書を捧げたい。

2012年8月

蝉時雨を浴びながら

館　直彦

人名索引

あ行

アレクサンダー Alexander, F.　　91
岩崎徹也　19
ウィニコット Winnicott, D. W.　2, 8, 12, 16, 18〜20, 23, 24, 26〜35, 36, 39, 43, 48, 49〜55, 57, 59, 60, 67, 75, 76, 81, 82, 89〜103, 108, 114〜121, 127, 135, 146, 149, 150, 160
ウィニコット，クレア Winnicott, C.　27
牛島定信　19, 20
オグデン Ogden, T.　19, 20, 127
小此木啓吾　19

か行

カーン Khan, M.　19, 81〜83
狩野力八郎　5, 78, 85
神田橋條治　19
ガントリップ Guntrip, H.　17
カンバーグ Kernberg, O.　15
キーツ Keats, J.　14
グールド Gould, G.　155, 157, 158
クライン Klein, M.　15, 18, 20〜23, 27〜29, 60, 79
グリーン Green, A.　19
クリス Kris, E.　149, 150
クレッチマー Kretschmer, E.　76
ケースメント Casement, P.　19, 20
コルタート Coltart, N.　19, 23, 61〜64, 68
コンスタブル Constable, J.　14

さ行

サリバン Sullivan, H. S.　24
ジェイコブソン Jacobson, E.　20
シミントン Symington, N.　19, 20, 149
シャープ Sharpe, E. F.　19

ジャネ Janet, P.　22
シャルコー Charcot, J. M.　21
シュタイナー Steiner, J.　64, 79
ジョーンズ Jones, E.　15, 28, 59, 90
ストレイチー Strachey, J.　28, 43
ソフォクレス　131

た行

ターナー Turner, J. M. W.　14
土居健郎　19
ドイッチェ Deutsch, H.　82

な行

西園昌久　19

は行

バークリー Berkeley, G.　62
パーソンズ Persons, M.　119
ハイマン Heimann, P.　19
パデル Padel, J.　20
バリント Balint, M.　18, 20, 80
ビオン Bion, D. W.　2, 36, 39, 68, 146
ピカソ　57
フーコー Foucault, M.　53
フェアベーン Fairbairn, R.　15, 17, 20, 79〜81
フェニヘル Fenichel, O.　91
フェレンツィ Ferenczi, S.　15, 18, 118
フリース Fliess, W.　2, 124
ブリーリ Brieley, M.　19
プルースト Proust, M.　135, 153
ブルック Bruch, H.　102
ブレイク Brake, W.　14
ブロイエル Breuer, J.　3, 4
フロイト Freud, S.　2〜8, 12, 13, 15, 17, 18, 21, 22, 36, 42, 48, 91, 107, 118, 119, 122〜127, 132, 133, 136, 148,

149, 156
フロイト,アンナ Freud, A.　16, 118
ブロイラー Bleuler, E.　76, 79
ペイン Payne, S.　19
ベーコン Bacon, F.　14, 54〜58, 135, 152
ベラスケス Velázquez, D.　53
ヘルムート Helmut, H.　118
ボウルビー Bowlby, J.　18
ホフマン Hoffman, I.　125
ボラス Bollas, C.　7, 8, 12, 19, 20, 32, 36〜45, 64〜67, 68, 109, 126〜128, 133, 136, 137, 145, 146, 149, 154

ま行

マーラー Mahler, M.　20
マクドゥガル McDougall, J.　19, 92

マルティー Marty, P.　91
ミルナー Milner, M.　19, 27, 28, 36
メルヴィル Melville, H.　39
メルツァー Meoltzet, D.　79

ら行

ライクロフト Rycroft, C.　19
ラカン Lacan, J.　36, 119
ランク Rank, O.　15
リトル Little, M.　19
リヒテル Richter, S.　155〜159
ローゼンフェルド Rosenfeld, H.　64, 79, 101

わ行

ワーズワース Wordsworth, W.　14

事項索引

あ行

愛着理論　18
アスペルガー障害　77
遊ぶこと　1, 9, 20, 26, 30, 32, 83, 112, 113, 114-121, 116-121
　——と攻撃性　33
　——と精神分析　33
　——と精神分析過程　118-121
　——と無意識　33
　精神療法と——　116
遊ぶことの理論　32-34
扱う　108
あやすこと　30, 31, 50
アレキシシミア　92
生き残ること　25, 31, 60
移行対象　20, 33, 36, 39, 54, 67, 109, 114, 116, 150
一次愛　18, 80
一者心理学　3, 4, 12, 22, 24, 25
イディオム　20, 37, 38, 158
陰性治療反応　119
インターフォーマリティ　40
インディペンデント　156
ウィニコット
　——の精神分析技法論　34-35
　——の対象関係論　26-35
内なる子ども　17
うつ病　64, 66, 110
英国独立学派　→独立学派をみよ
　——の精神分析　12-25
エス　3
エナクトメント　6, 7, 97, 146
オーダー　137, 146
オクノフィリア　80
思いやりの段階　33, 60
思いやりの能力　60
オン・デマンド法　24, 34

か行

快原理　60
解釈　23, 25, 33, 35, 42, 57, 116, 125, 127, 136, 144, 146
　——をしない　23
　転移——　42
　変形を起こす——　43
抱えること　23, 25, 30, 31, 34, 35, 49, 51, 103 鏡　53-59, 124, 156
　——としての母親　51
カテゴリー　137, 146
可能性空間　33, 115, 149-151
環境　17, 18, 21, 23, 25, 27-30, 34, 48, 50, 81, 84, 94, 95, 101, 116, 118
　——欠損病　23, 35
　——としての母親　23
　——の機能不全　31
　——の欠損　18, 32, 35
　——の失敗　51, 52, 60, 80, 91
　——の重視　16
　——の不全　25
関係性　2-4, 6, 12, 20, 21, 24, 30, 38, 39, 77
　——モデル　8
関係性理論　24
基底欠損　18, 80
規範病　43, 67
逆転移　6, 130, 146
キャラクター　78
境界例　17, 20, 35, 102
強迫スペクトラム障害　102
鏡像段階　54
禁欲規則　42
クライン派　15, 18, 19, 24, 28, 69, 79, 115
経験主義　13
芸術　14, 20, 36, 40, 58, 116, 135, 148, 149, 151, 152

傾聴　　5, 41, 123, 125, 147
　　──すること　37, 42, 144
傾聴法
　　クラインの──　42
　　フロイトの──　42
原初の母性的没頭　30
現実　67, 118, 120
　　──の関係　111
　　──の状況　130
　　外的──　22, 49, 51, 117
　　客観的──　150
　　心的──　5, 21
　　内的──　117
現実原理　60
幻想　21, 69
　　内的──　22, 25, 150
交響曲のメタファー　137
攻撃性　24, 25, 50, 60, 79, 80, 82, 118
　　ウイニコットの──　31
　　原初の──　33
　　子守唄と──　112
　　笑いと──　111
広汎性発達障害（PDD）　16, 77, 78, 84-88, 102
心　2, 13, 22, 29, 30, 37, 43-45, 52, 59, 67, 65, 90, 92, 109, 125-127, 137
　　──がない　52, 84, 102
　　──という対象　9, 43, 60, 66
　　──の機能　59, 69, 90
　　──のファシスト状態　43
　　──のメカニズム　3, 12
　　防衛としての──　52
コンサルテーション　28, 35

さ行

催眠　4, 6, 7
錯覚　31, 33, 52, 93, 120, 150
自我　3, 79, 91-93, 115
　　──脆弱性　75
自我心理学　13, 79
自己　22, 40, 44, 49, 60, 65, 69, 80, 83

　　──の探求　116
　　──の病理　8
　　──の分裂　17
　　──を体験すること　33
　　偽りの──　9, 20, 27, 31, 32, 36, 49, 52, 54, 62, 64, 67, 75, 76, 81, 82, 88, 91, 102, 139
　　システム──　20
　　主観的な──　79
　　本当の──　20, 31, 36, 37, 52, 62, 63, 75, 76, 81, 88, 91, 116
　　無慈悲な──　33
自己愛　22, 44, 53, 63, 68, 69, 74, 82, 83
　　──の病理　69
自己愛構造体　64, 69, 79
思考すること　60
自己疎外　54
自体愛　22
質問　117, 127, 128, 131, 144
　　終わりのない──　117, 132-136, 137, 145
実利主義　13
死の本能　25, 119
自分　49
　　──でないもの　49, 93, 150
自由思考　41, 42, 126, 133
自由連想　2, 7, 9, 37, 40-42, 106, 116, 122-130, 133, 134, 136, 145, 159
　　精神分析と──　41-43
自由連想法　4, 139
主知主義　13
順番　41, 136, 144
　　──の論理　137
象徴界　119
除反応　4
人格　52, 93
人格化　30, 31, 50, 51, 91, 92
新規蒔き直し　80
侵襲　25, 31, 49, 51, 81, 97, 102
心身症　9, 28, 84, 94, 95, 102, 103

身体　　21, 30, 49, 51, 52, 59, 60, 83, 89, 90, 92, 93, 101-103
　　――性　　21, 135
心的外傷後ストレス障害　　85
心的構造　　3
浸透圧　　101
身体表現性障害　　84
審美的　　37
　　――瞬間　　154, 155, 157, 158
　　――知性　　38
　　――な経験　　151, 152, 155
　　――な対象　　154
心理療法→精神療法をみよ
スキゾイド　　9, 14, 16, 23, 25, 35, 49, 75-82, 83, 88, 91
　　――現象　　75
　　――と広汎性発達障害　　77-79
スクイッグル　　32
住まうこと　　49, 93, 101
性格　　32, 38, 67, 136
　　――の分析　　3
精神　　21, 30, 49, 51, 52, 59, 60, 89, 90, 92, 93, 101-103
　　――の機能　　90
　　――のない　　52
精神的類概念　　37, 40
精神病　　22, 28, 35, 95, 103
精神分析　　1, 3-4, 6, 8, 28, 29, 33, 34, 36, 37, 40, 44, 57, 112, 115, 122, 136, 148, 151, 152, 154, 158, 159
　　――過程　　9, 149
　　――と自由連想　　41-43
　　――の古典的技法　　124
　　――の設定　　133
　　――の目的　　121
　　英国独立学派の――　　12-25
　　現代の――　　125
　　子どもの――　　27
精神療法　　7, 8, 29, 32, 34, 40, 115, 119, 120, 150, 154, 158, 159
舌圧子ゲーム　　32, 114, 117-118

摂食障害　　94, 102
設定　　116, 118
世話役　　27
前額法　　4, 7
戦争神経症　　17
早期発達　　1, 8, 16, 20, 23, 29, 30, 33, 34, 48, 51, 53, 59, 68, 69, 90, 92, 95, 98, 103
　　――の課題　　49
　　――の病理　　52
　　――の理論　　30-32, 48-59
想像界　　119
創造性　　1, 9, 20, 26, 27, 33, 37, 55, 58, 116, 148-151
　　原初の――　　21, 149
　　無意識の――　　40, 43
躁的防衛　　28, 83
存在し続けること　　25, 60, 81

た行

対人関係論　　24
退行　　34, 66, 81, 92, 103, 121, 149
　　依存への――　　35
　　治療的――　　18, 23, 24, 74
　　自我のための――　　149
対象　　15, 17, 22, 39, 60, 62, 67, 80, 82, 115, 154
　　――としての母親　　23
　　――と関係すること　　50
　　――の使用　　29
　　――を提示すること　　31
　　喚起的――　　37, 40, 126, 153
　　客観的――　　50
　　錯覚の――　　52
　　変形性――　　20, 36, 37-40, 42, 134, 154
　　欲望の――　　153
　　悪い――　　17
対象関係　　4, 6, 21, 22, 25, 80, 97
　　――の病理　　69
　　内的――　　17

自己愛—— 69
対象関係論 1, 7, 9, 13, 15, 27
　ウィニコットの—— 26-35
　自我心理学的—— 20
　内的—— 69
　フロイトの—— 22
　ボラスの—— 36-45
大論争 16
対話 1, 2, 26, 126, 127
脱錯覚 31, 33, 93
魂 59
中間派 16
超自我 3
治療関係 12, 63, 111, 130
抵抗 1, 4, 124, 125, 128, 130
転移 4, 6, 43, 63, 100, 103, 120, 146
投影同一化 25
倒錯 82-83, 84
独立 14
独立学派 1, 8, 12, 15, 16-20, 24, 48, 59, 61, 79, 82, 149
　——の特徴 21-25
躊躇いの時間 117
トラウマ 17, 21, 22, 32

な行

内的世界 22, 25, 29, 30, 51, 65, 79, 83
肉体 89
　——性 21
二者心理学 12, 22
二重性 12, 106, 109, 111, 112, 114, 118

は行

パーソナリティ 17, 75, 76, 83, 88
　——の障害 67
　——の病理 78
　かのような—— 82
　境界性—— 79
　分裂型—— 76

パーソナリティ障害 17, 68, 76, 79, 84
　境界—— 20
　境界性—— 84
　分裂型—— 75
媒質 54, 58
破綻恐怖 135
パラドックス 26, 30, 33, 44, 114, 120, 150
反社会的傾向 32, 35, 98
万能感 93
反復強迫 119
ヒステリー 3, 5, 21, 78, 83, 95
　貯留—— 3
　防衛—— 3
一人でいられる能力 33, 145
ヒューマニズム 23
平等に漂う注意 41, 123, 125, 127, 130, 144
病理的構造化 69
病理的組織 79
病理的組織化 64
フィロバディズム 80
フォーム 2, 20, 37-40, 44, 54, 80, 149, 150
普通に献身的な母親 127, 134
負の可能性 14
フロイトのペア 37, 42, 125, 127, 133, 134
分裂 17, 62, 75-77, 79, 80, 93, 94, 102, 103
　——機制 75
　——排除 66
　自我の—— 91
変形 2, 20, 36, 37-40, 42, 44, 55, 158
　——の記憶 40
　ビオンの—— 39
防衛 3, 32, 44, 52, 54, 59, 69, 73, 80, 91, 94, 102
ポストモダン 12
ほど良い 49, 108

――赤ん坊　108
――母親　51, 54, 108, 112
本能　48, 59, 90, 115
　――二元論　25
　死の――　23, 25, 43, 79, 119

ま行

マネージメント　25, 34, 95, 102
未思考の知　37, 38, 135, 145
無意識　3, 8, 12, 17, 20, 22,　28, 29, 36, 37, 41, 57, 107, 123, 126, 135, 137, 159
　――の作業　43, 145
　――の思考　127, 133, 135
　受容的――　41, 126, 127, 136-137
　抑圧された――　7, 136
　力動的――　136-137
メニンガーの三角　130
モダン　12

や行

ユーモア　13, 76, 107, 109, 112, 113
夢　38, 40, 42, 90, 100, 134, 136, 148

――の解釈　127
――の仕事　107
――の思考　136
――の臍　148
――分析　41, 124
抑圧　3, 5, 6, 22, 66, 125
欲動　6, 21
　死の――　23
欲動論　7, 21
　――モデル　8
　関係性の――　17
　性的――　17

ら行

リアル　17, 25, 31, 32, 52, 58, 62, 66, 67, 73, 76, 81
離人症　73
ロマン主義　14, 76
ロマン派　14

わ行

私である　92, 93, 116

著者略歴

館　直彦（たち　なおひこ）
1953年　東京に生まれる
1981年　大阪大学医学部卒業
1995年　東京慈恵会医科大学講師
現　職　天理大学大学院臨床人間学研究科教授，個人開業
著訳書　『境界例』（共編著）岩崎学術出版社，ボラス著『精神分析という経験』『対象の影』岩崎学術出版社，エイブラム著『ウィニコット用語辞典』（監訳）誠信書房　その他多数

現代対象関係論の展開

ISBN978-4-7533-1050-0

著者
館　直彦

第1刷　2012年9月25日

印刷　新協印刷㈱／製本　河上製本（株）
発行所　㈱岩崎学術出版社　〒112-0005　東京都文京区水道1-9-2
発行者　村上　学
電話　03-5805-6623　FAX　03-3816-5123
2012ⓒ　岩崎学術出版社
乱丁・落丁本はおとりかえいたします。検印省略

対象の影　　　　　　　　　　　　　C. ボラス 著
　●対象関係論の最前線　　　　　　　館　直彦　監訳
　　　　　　　　　　　　　　　　　本体 4,200 円＋税

臨床家のための精神分析入門　A. ベイトマン・J. ホームズ 著
　●今日の理論と実践　　　　　　　館　直彦　監訳
　　　　　　　　　　　　　　　　　本体 3,300 円＋税

精神分析という経験　　　　　　　C. ボラス 著
　●事物のミステリー　　　　館　直彦・横井公一　監訳
　　　　　　　　　　　　　　　　　本体 5,000 円＋税

精神療法家として生き残ること　　N. コルタート 著
　●精神分析的精神療法の実践　　　　館　直彦　監訳
　　　　　　　　　　　　　　　　　本体 3,000 円＋税

精神分析的探究 1　　　　　　　D. W. ウィニコット著
　●精神と身体　　　　　　　　　　館　直彦 他　訳
　　　　　　　　　　　　　　　　　本体 5,500 円＋税

新版　子どもの治療相談面接　　D. W. ウィニコット著
　　　　　　　　　　　　橋本雅雄・大矢泰士　監訳
　　　　　　　　　　　　　　　　　本体 4,800 円＋税